중국 연금술의 비밀

손대는 사업마다
성공시키는
부의 천재들

2500년 동안 변하지 않은

중국
연금술의
비밀

진롱 지음, 김락준 옮김

머리말

　"과학 기술이 고도로 발달해도 상술에 있어선 중국인을 당해낼
수 없다."

　유럽의 어느 학자가 말했다는 위와 같은 이야기처럼 중국인의
상술이 뛰어나다는 것은 널리 알려진 이야기이다. 그렇다면 과연
중국의 거부들은 어떻게 돈을 벌었을까?

　공자의 제자 중 한 명인 자공子貢은 싸게 사고 비싸게 파는 방법
으로 많은 부를 축적하고 유가 상인의 본보기가 되었다. 범려范蠡는
정계를 떠난 뒤 장사를 시작했는데, 세계 최초로 상표를 만드는가
하면, 가업을 세우고 다양한 사업을 펼쳤지만 결코 투기나 잔꾀로
이익을 취하지는 않았다. 이에 비해 여불위呂不韋는 투기적인 방법
으로 물건을 사고팔았다. 또한 뛰어난 장사 수완을 십분 발휘해서
정계에 진출하고 진나라의 재상이 되어 명성을 드높였다. 그는 정
확한 안목으로 주도면밀하게 부를 이뤘고, "천하의 주인은 왕이 아
니라 장사꾼이다"라는 말이 무색하지 않을 정도의 경지에 오른 최

고의 위험 선호형 상인이었다.

또 호설암胡雪岩은 소를 키우고 견습생으로 일하는 등 출신 배경은 보잘것없었지만 지금의 은행에 해당하는 전장 사업과 비단 사업으로 업계에 일대 바람을 일으키고 중국 최초로 홍정상인(조정에서 1품 관직을 하사한 상인. 호설암은 중국 최초의 홍정상인이자 유일한 홍정상인이다 - 옮긴이)이 되었다. 성실하고 진실하게 사람들을 대했던 그는 지금도 여전히 많은 중국인들에게 존경받는 인물이다.

장사의 귀재인 심만삼沈萬三은 황무지를 개간하고 고객과 두터운 신뢰를 쌓아 황제가 두려워할 정도로 어마어마한 재산을 쌓고 명나라 최고의 갑부가 되었다.

또, 전략에 능했던 교치용喬致庸은 유통 사업으로 성공해서 중국 각지에 많은 상점을 차렸다.

이밖에도 먀오한난苗漢南, 리자청李嘉誠, 마윈馬云, 니우건셩牛根生 등 무수한 거상들이 있는데, 이들의 경영철학을 유심히 들여다보면 제자백가의 영향을 많이 받았음을 알 수 있다.

일본의 기업가인 마쓰시타 고노스케는 "논어의 중심 사상을 이해하면 커다란 포부를 갖게 되고 품위 있게 일하고 성공할 수 있다"라고 말했다. 그는 유가의 '화위기和爲貴 사상', 즉 조화를 중시하는 사상을 기업 경영에 도입해 마쓰시타 전기산업의 명성을 높인 일본의 가장 저명한 유가 상인이다.

한편 일본 근대 실업의 비조인 시부사와 에이치는 논어를 상업의 성서로 보고 장사하는 사람이면 반드시 한 손에 주판을, 다른 한 손에는 논어를 들고 있어야 한다고 생각했다. 그는 "논어를 보면서 주판알을 굴리고, 주판알을 굴리면서 논어를 보면 진실로 부를 쌓을 수 있다"는 말을 남겼다.

논어는 중국 전통문화의 상징이다. 하지만 많은 일본인들이 논어의 지혜를 이용하는 동안 오히려 중국인들은 이렇게 보석 같은 전통문화를 홀대해왔다. 하지만 주판은 중국 전통문화에 녹아들 때 더 정확해지고, 중국 문화는 주판 경제의 토대 위에 성립될 때 그 진가가 발휘된다. 따라서 논어와 주판의 거리를 좁히는 것은 매우 중요한 임무이다.

부는 사람과 자본이 함께하는 게임이다. 진정한 지혜는 단지 큰돈을 잘 운용하는 것만이 아니라, 부의 본질과 사업의 규칙을 파악하는 것이다. 중국에서 성공한 부자들은 원만한 인간관계를 지니고, 시장의 기본 규칙을 통찰하는 능력이 뛰어나다.

부를 쌓는 것은 학력과는 관계가 없다. 실제로 시장에서는 초등학교만 나온 사람이 천재 사업가가 되는가 하면 빈털터리 노숙자가 부자가 되기도 하고, 이론으로 무장한 경영학도들이 실패를 거듭하기도 한다. 이러한 사례는 역사적으로도 많다.

청나라 말기의 전설적인 상인인 호설암은 원래 목동이었고 부동산 업계의 거물인 판스치潘石屹는 전문대를 졸업했다. 마윈이 중국 최초의 온라인 쇼핑몰인 '알리바바'를 만들었을 때 사람들은 그를 인터넷 시대의 미치광이라고 비웃었다. 또 홍콩 상업계의 초특급 거물인 리자청은 초등 교육도 제대로 받지 못하고 찻집에서 심부름을 했지만 수십 년 뒤에 방대한 부의 제국을 이루고 홍콩 역사상 가장 많은 부를 축적한 억만장자가 되었다. 지금도 리자청의 재산은 계속 늘고 있으며, 그의 말은 세인들의 주목을 끌고, 재계에 큰 영향을 주고 있다.

호설암, 판스치, 마윈, 리자청의 공통점은 시작은 미약하지만 결국은 놀라운 성공을 거두었다는 점이다. 그리고 그것은 바로 중국인의 기묘한 상술 덕분이다!

중국인의 연금술은 돈을 버는 기술이며, 산업 전반에 관한 전략이자 처세의 도리이다. 또한 수신의 철학이요, 하늘과 사람이 하나되는 위대한 사상이다.

중국인의 연금술을 배워 부와 덕과 지혜를 쌓고, 나아가 사회의 부패와 민생의 어려움에도 눈을 떠, 바르게 쌓은 부로 타인과 사회에 기여하는 '착한 부자'가 되길 바란다.

차례

1장

고전 속에
비법이 담겨 있다

중국인은 어느 민족과 비교해도 뒤지지 않을 장사꾼 기질을 타고났다. 어느 노벨상 수상자는 "21세기에 살아남으려면 반드시 2500년 전으로 돌아가 공자에게 지혜를 배워야 한다"고 말했다.

부의 제국을 이룬 중국 거부들의 비밀

중국인들의 전통적인 상술은 네 가지로 요약할 수 있다. 이 네 가지 요소는 중국인 상술의 비밀을 열어주는 열쇠와 같다. 성공의 첫걸음은 이 열쇠들을 쥐는 것에서 시작한다.

조화와 인애를 중시하는 정신

신경질적이고 비겁한 상인이 돈을 잘 벌 수 있을까?

중국인들이 돈을 벌 때 가장 중시하는 것은 조화이다. 조화는 다른 사람의 이익을 해치거나 특정한 인물이 독주하는 것을 막고 공평한 경쟁을 유도하는 어울림의 질서이다. 조화를 중시하고 인애를 근본으로 삼으면 다 함께 돈을 벌 수 있다.

지금껏 불공정한 경쟁을 한 상인치고 결말이 좋았던 사람은 없

15

다. 공평하고 조화로운 질서를 깨뜨리고 혼자 돈을 자루에 쓸어 담으려고 하는데 다른 상인들이 가만히 있겠는가?

어떤 술집의 사장이 장사가 잘되자 가게를 확장했다. 하지만 이웃의 토지를 침범하는 바람에 소송에 휘말렸고, 결국 침범한 만큼 건물을 철거하고 손해배상금도 물게 되어 막대한 손해를 볼 수밖에 없었다.

이 이야기는 불화가 어떤 결과를 초래하는지 잘 보여준다. 만약에 술집 사장이 조화와 인애를 먼저 생각하여 이웃과 상의한 뒤에 토지를 매입하거나 배상했으면 사장과 이웃 모두 이익을 봤을 것이다. 하지만 사업이 성공한 것에 도취돼 신중하게 생각하지 않고 오만하게 군 결과 결국 큰코다치고 만 것이다.

조화를 실현하기 위해선 반드시 인애를 근본으로 삼아야 한다. 인애는 상업계에서 가장 착하게 경쟁하는 전략이다. 장사를 하는 목적은 돈을 벌기 위해서인데, 라이벌의 이익을 해치기 위해서 돈을 벌고, 이익을 극대화하기 위해서 직원들을 대우하지 않고 월급을 깎는 일 등은 인애에 어긋난다. 인애에 어긋나면 적이 생기고 득보다 실이 많아진다.

자공은 관용과 인애를 강조한 유가 상인이다. 그는 '자기가 하기 싫은 일을 남에게 강요하지 말라'는 공자의 가르침을 명심하고 장사해서 성공과 명성을 동시에 거머쥐었다.

장뤼민 하이얼 그룹 회장은 조화와 인애를 중시하는 정신을 기업 경영에 도입해 십수 년 만에 무명의 기업을 세계 굴지의 기업으로 키웠다.

작은 득실에 연연하지 않고 조화와 인애를 중시하면 장사가 저절로 잘되고 재물이 끝없이 샘솟는다.

유교의 사람됨과 장사꾼의 계산력

유가 상인은 유교의 사람됨과 장사꾼의 계산력을 갖춘, 즉 몸과 마음이 바르고 사업 수완이 뛰어나 돈을 잘 버는 상인을 가리킨다. 중국의 독특한 전통문화에서 생겨난 유가 상인은 유교의 가르침인 문文, 행行, 충忠, 신信을 사업에 구체적으로 적용한다.

문이란 시, 서, 예, 역, 춘추와 같은 유교의 문헌을 가리킨다. 유가 상인이 되려면 반드시 사서오경을 공부하고 심신을 수련해야 하는데, 일본을 포함한 많은 나라의 기업가들도 논어와 오경에서 얻은 교훈으로 기업을 경영한다.

행은 사회경험을 가리킨다. 사회경험이 부족하면 유교 경전을 바르게 이해하지 못해 기업을 경영할 때 활용할 수 없다. 또 행은 실천의식을 가리키기도 한다. 유교 경전을 공부했다면 마쓰시타가 논어를 참조해 기업을 경영했던 것처럼 실생활과 기업 경영에 그 내용을 도입해야 한다.

충은 충성을 뜻한다. 부하직원은 상사에게, 상인은 국가와 민족에 충성하는 것이 원칙이다. 호설암, 리자청 등은 나라에 보탬이 된 대표적인 애국 상인들이다. 국가와 민족에 대한 충성심이 부족한 사람의 돈은 가치가 없으며 많을수록 사회에 해가 된다.

신은 인간관계를 맺고 상업적인 거래를 할 때 반드시 갖춰야 할 신용을 가리킨다. 신용이 없으면 아무런 사회생활도 할 수 없다. 누가 신용이 바닥인 사람과 거래를 하겠는가? 서양에서는 계약으로 사람의 행위를 제약하지만 중국은 충성심과 신용으로 사람의 행위를 제약한다.

유교는 적극적인 개척정신과 경쟁정신, 신용을 중시한다. 이윤을 추구하는 동시에 인성, 도덕, 애국심, 사회적 책임감을 강조하는 것은 유교의 '치국평천하治國平天下' 사상을 경제 영역에 구체적으로 반영한 것이라고 할 수 있다.

유교의 가르침과 장사꾼의 계산력을 겸비하면 세상이 변해도 그릇된 유혹에 흔들리지 않는 중심을 지닐 수 있다.

지용인강

장사는 좋은 사람이 되는 과정인데, 세상에서 가장 큰 자본은 사람이다. '지용인강智勇仁强' 철학의 도움을 받으면 좀 더 쉽게 좋은 사람이 되고 장사를 잘 할 수 있다.

중국에서 상업의 신이라고 불리는 전국시대의 인물 백규白圭는 "지용인강'을 갖추지 않으면 상술을 배우고 싶어 해도 가르쳐줄 수 없다"고 말했다.

'지용인강'은 상인이 반드시 갖춰야 할 기본조건이다. 이 중에 어느 한 가지라도 갖추지 않으면 아무리 열정이 넘치더라도 성공할 수 없다.

〔지智〕

● 지혜로우면 임기응변에 능해서 남보다 먼저 기회를 잡는다.

● 지혜롭지 않으면 생각이 고리타분하고 미련해서 잘못된 길에
들어서도 실패할 때까지 포기하지 못한다.

〔용勇〕

● 용감하면 신속하게 판단하고, 과감하고 박력 있게 행동해서
우물쭈물대다가 기회를 놓치는 일이 없다.

● 용감하지 않으면 기회가 찾아와도 앞뒤 사정만 따지다가 놓
친다.

〔인仁〕

● 어질면 눈앞의 이익을 적당히 가져 결국 큰 그릇이 된다.

● 어질지 않고 오만방자하면 보잘것없는 이익을 쫓다가 낭패를
본다.

〔강强〕

● 강인하면 의지가 굳고 목표가 뚜렷해서 끝까지 포기하지 않는
다. 또한 시기가 무르익을 때까지 경거망동하지 않는다.

● 강인하지 않으면 아침저녁으로 마음이 다르고 의지가 약해서
자신 있게 행동하지 못한다.

무모하고 비겁하고 의롭지 않은 사람이 상술을 배우면 사람들에게 도움을 주기는커녕 해를 입힌다. 이런 사람들은 난세일 때 백성들을 괴롭히고 나라의 기강을 무너뜨리는가 하면 태평성세일 때에는 정부에 빌붙어 자기의 이익만 챙긴다.

신용은 중국 상인들이 몇 천 년 동안 신봉한 덕목이다. 백규는 비록 싸게 사서 비싸게 파는 영리전략을 폈지만 농민의 이익을 최대한 보호하기 위해 다른 상인들보다 비싸게 곡식을 사들였고 흉년이 들면 싸게 팔아서 소비자들의 신뢰를 얻고 단골을 만들었다.

인과 신용이 결합하면 무한한 위력이 생긴다. 돈을 잘 버는 상인이 장기적인 안목으로 이익의 일부를 남에게 양보하면 상인으로서 입지가 더 굳건해질 뿐만 아니라 소비자들의 인정도 받을 수 있다.

'지용인강'은 상인에게 좋은 기회를 안겨주고, 신용은 브랜드의 가치를 키워준다. 돈은 인간세상의 물건이므로 먼저 좋은 사람이 된 뒤에 벌어야 하는 것이다.

일을 계획하는 것은 사람이지만 그 성패는 하늘에 달려 있다

장사는 누구나 할 수 있지만 모두가 성공하는 건 아니다. 따라서 시작하기 전에 반드시 충분히 준비해야 한다. 중국인은 사람이 하늘과 싸워서 이길 수는 없다고 생각하므로 자연을 존중하고 결과를 무리하게 추구하지 않는다.

그렇다고 해서 운명에 복종하라는 뜻은 아니다. 단지 일이 전개

되는 과정이 전적으로 사람의 의지대로만 움직이지는 않는다는 것을 말하고 싶을 뿐이다. 만약에 모든 일이 사람의 뜻대로 전개되면 미국에 금융 위기가 일어나 은행이 파산하고 주식 투자자들의 투자금이 반 토막 나는 일은 일어나지 않았을 것이다. 하지만 부푼 기대를 안고 주식 시장에 입문해 높은 수익률을 올렸던 사람들도 결국 미국 발 금융 위기로 큰 손해를 보지 않았는가?

한 달 수입이 2천 위안(약 34만 원)인 청년이 결혼을 앞두고 집 장만을 위한 자금을 마련하고자 그간 저축해서 모은 3만 위안(약 510만 원)으로 주식을 샀다. 하지만 오래지않아 주식 시장이 폭락하는 바람에 원금을 모두 잃고 빚까지 져서 결국 자살한 경우마저 있었다. 만약에 그가 주식 투자의 위험성을 제대로 알고 마음의 준비를 단단히 한 뒤에 투자를 시작했으면 과연 이런 비극이 벌어졌을까? 주식 투자 자체를 곱지 않은 시선으로 보는 사람들도 있지만 잘못은 그 사람이 충분히 공부하지 않고 주식 투자를 한 것에 있다. 일의 계획은 사람이 하지만 그 일의 성패는 하늘에 달려 있는데, 하늘은 도덕을 따지지 않고 이치만 따지기 때문이다.

사람은 어떤 일을 계획하고 그 일의 성패를 기다리게 되는데, 일을 계획했다고 해서 항상 성공하는 것은 아니다. 하지만 일을 계획하지 않으면 성공도 기대할 수 없다. 따라서 어떤 일을 하기로 결정하면 열심히 노력하되 반드시 성공할 것이란 기대를 버리고, 투자할 땐 도박처럼 한탕을 바라지 않고 신중해야 한다.

시장의 규칙을 파악하는 《주역》

'역' 의 변화와 불변

《주역》은 중국 문화의 어머니라 해도 지나치지 않을 위대한 경전이다.

'역易' 은 변한다는 뜻이고, 주역은 변화의 도를 말한다. 주역은 사물이 발전하고 변화하는 규칙을 알려주어 사태의 변화에 따라 상인이 서로 다른 태도와 조치를 취할 수 있도록 돕는다. 따라서 자신의 분야에서 성공하려면 반드시 주역에서 답을 찾아야 한다. 그래야 사람들과 어울릴 때나 장사할 때 실수를 줄이고 진심을 얻을 수 있다.

'역' 중에 변하는 것을 변역變易, 변하지 않는 것을 불역不易이라고 하는데, 변역은 변화를 가리키고 불역은 변화 속에서도 변하지 않는 규칙을 가리킨다.

그렇다면 변하는 것은 무엇일까? 바로 시장의 겉모습이다. 주가, 유가, 부동산 가격, 자동차 가격 등 모든 에너지와 상품의 가격은 변한다. 물가의 변화는 거래의 변화를 초래하여 어떤 사람에겐 이익을 주는가 하면 또 다른 사람에겐 손해를 입힌다.

그럼 반대로 변하지 않는 것은 뭘까? 시장의 규칙이다.

주역의 '역'을 알고 중국의 역사와 사회를 이해하면 시장에서 가장 실속 있고 효과적인 사고방식과 관리 방법을 찾을 수 있다. '역'법은 인생의 본질과 직접적으로 관계가 있다. 범려, 백규, 호설암, 니우건성 같은 현명한 상인과 성공한 사람들은 모두 '역'법에 따라서 인간관계를 처리하고 사업을 키웠다.

현명한 투자자는 시장이 침체돼도 자신감을 잃지 않는다. 주역에 나오는 '물극필반物極必反'이라는 문구처럼 시장의 가격은 바닥까지 떨어지면 반드시 다시 오르기 때문이다. 또한 시장이 호황을 누려도 맹목적으로 낙관하지 않는데, '성극필쇠盛極必衰', 즉 고점을 치면 이내 하락장이 오는 걸 알고 있기 때문이다.

변하는 것이 무엇이며 변하지 않는 것이 무엇인지 알면 누구나 기회와 함정 앞에서 정확한 분석과 판단을 할 수 있다.

변화의 규칙을 파악하면 승자가 된다

세상만사의 기본 규칙을 파악한 뒤에 투자나 사업을 시작하면 여유롭게 승승장구할 수 있다.

23

주식 투자를 예로 들어보자. 사람들이 돈다발을 들고 주식 시장으로 몰려들 땐 시장 가격의 변화를 주시해야 한다. 이미 주가가 높아서 수익 폭이 그리 높지 않은데다 머지않아 하락장이 온다는 신호이므로 투기 유혹을 뿌리치고 관망하는 것이 좋다.

하지만 주가가 무섭게 폭락하여 사람들이 너도나도 주식 시장을 떠나면 시장의 변하지 않는 규칙을 떠올려야 한다. 조정을 충분히 받으면 반드시 원래의 주가를 회복하고 그 이상으로 상승하므로 이때는 저가에 주식을 사들여야 한다.

혜안이 있는 투자자는 주식 시장에 비관이 팽배할 때 투자에 나선다. 곧 시장에 변화가 찾아올 것을 알아서이다. 불황은 가격이요, 변하지 않는 가치이다. 주식은 기업의 내재가치보다 주가가 쌀 때 리스크가 낮고 기대 수익률이 높으므로 이때 매수해야 한다. 내재가치보다 주가가 비싸면 리스크도 높고 주가가 장기적으로 상승할 확률도 낮다.

투기꾼은 시장에 변화가 왔을 때 단기 이익을 취하지만 투자자는 변하지 않는 시장의 규칙을 이해하고 장기적으로 가치를 추구한다. 따라서 투자를 할 땐 적기에 돈을 투입해 최고의 수익을 올리는 똑똑한 투자자가 되어야 한다.

시장의 수요는 사회의 일시적인 혼란으로 축소될 수 있지만 경영전략에 변화를 주면 다시 좋은 기회가 찾아온다.

시장에 변화가 일어날 때 변하지 않는 규칙을 파악하고 먼저 좋은 기회를 잡으면 탄탄대로를 걸으며 사업에 황금기를 맞을 수 있다. 따라서 평범한 직장인이라면 사소한 것이라도 직장에서 기회를 잡아 실적을 쌓고, 임원이라면 격변하는 시장에 숨어 있는 좋은 기회를 찾아 기업의 이익을 높여야 한다.

연금술사의 충고

1. 변하는 겉모습에 속지 않고 문제의 본질을 분석하는 방법을 배워서 변하는 것과 변하지 않는 것 사이에서 균형을 잡아야 한다.
2. 《도덕경》, 《논어》, 《손자병법》의 가르침을 이해하고 시장을 개척하면 성공대로를 달릴 수 있다.
3. 도가는 변하지 않는 규칙으로 변화에 대응하고, 유가는 변하는 것에서 근본을 찾으며, 병가는 변화 속에서 승리를 꿈꾸며 위기를 돌파한다.
4. '역'은 '천지인(天地人)'이 하나가 되는 상업정신이다. 여기서 '천'은 창조와 성공의 가능성을 높이는 행운을 말하고, '지'는 자원이 많은 시장을 말하며, '인'은 인적 자원을 포함한 창조의 주체를 말한다.
5. '역'의 법칙을 배우고 변화의 규칙을 이해하면 성공으로 향하는 밧줄을 잡은 것이나 다름없다.

도로써 재물을 취하게 하는 《논어》

"군자도 재물을 좋아하지만 도로써 취한다."

공자가 한 이 말은 중국인들이 수천 년간 신봉해온 경영신조다. 시대를 막론하고 경제의 기초는 대부분 상위 계층이 결정했는데, 유가는 유위有爲, 즉 민중을 돌보고 학문을 사회에 유익하게 활용할 것을 강조했다. 그래서 유가 상인은 도리에 맞으면 투철한 개척정신을 바탕으로 새로운 것을 창조하고 정당하게 이익을 취했다.

유가의 대표적인 인물인 맹자는 '궁칙독선기신, 달칙겸선천하窮則獨善其身, 達則兼善天下'의 관점을 제시했다. 이 말의 미덕은 기원전 300년부터 지금까지 대대로 중국인들에게 이어지고 있다. 이는 어려움에 처해도 개인의 수양을 그만두지 않고 가슴에 천하를 품어야 하고, 형편이 좋으면 능력이 닿는 대로 어려운 사람을 도와야 한다는 뜻이다.

어려운 사람을 돕는 방법은 가난한 학생들에게 책을 기증한다거나 기부를 하거나 오지 학생들에게 공부를 가르쳐주거나 양로원에 가서 노인들을 보살피는 등 매우 다양한데, 이때 중요한 것은 돈이 아니라 마음이다.

고귀한 포부와 이상을 품은 사람에게 성공은 그리 어려운 일이 아니다. 이들의 안목과 지식은 이미 다른 사람들이 쫓아올 수 없는 수준이므로, 남들이 모을 수 없는 재산을 모을 수 있다. 이것은 안목이 뛰어날수록 사업이 번창한다는 호설암의 말과도 일맥상통한다. 옹졸하고 편협한 사람이 큰 부를 이루는 것은 상상할 수 없는 일이다.

자공은 거대한 유가 상인이 되고 천하의 여러 나라에 유세하러 다닐 때 정치에 적극적으로 참여하여 제나라가 노나라를 침범하는 것을 막았다. 또한 자공 이후로 무수한 유가 상인들이 국가와 민족과 운명을 같이했다.

청나라의 명신인 장정옥도 사업을 경영하는 한편 교육에도 힘쓴 애국 유가 상인이다. 화교 사회의 지도자인 천자경도 평생 교육 사업에 투자해 중국 역사에 빛나는 공헌을 남겼다. 훠잉동(홍콩의 건설업 회장 역임), 천위수(판롱 그룹 회장), 장전(전시옹 그룹 회장), 리자청(창장 그룹 회장) 등도 모두 훌륭한 유가 상인들이다. 이들은 모두 유가의 가장 중요한 정신인 '궁칙독선기신, 달칙겸선천하'를 계승했다.

좌절을 두려워하지 않고 목표를 달성할 때까지 쉬지 않고 적극적으로 개척하는 유가의 정신을 본받자. 나라와 민족의 어려움을 함께 나누는 숭고한 애국정신과 사회에 대한 책임감과 민족의식을 갖는 것이야말로 유가의 '이천하위기임以天下爲己任', 즉 천하를 잘 다스리는 것을 자기의 책임으로 여기는 사상을 실천하는 것이다.

한편 유가에서 강조한 신용을 높이기 위해서는 기업의 이미지와 명예를 중시하는 동시에 명예와 이익을 균형 있게 추구해야 한다. 또한 인간적인 매력으로 직원들의 마음을 움직여야 하는데, '수신제가치국평천하修身齊家治國平天下'를 수양의 첫째 원칙으로 삼고 개인의 수양을 높이는 데 게을러선 안 된다.

유가의 지혜로운 상술은 모두 네 가지로 요약할 수 있다.

① 인애지상주의

인애의 핵심은 사람을 사랑하는 것이다. 사업가는 자신뿐만 아니라 직원, 동료, 고객, 시장을 모두 사랑해야 한다. 자기 배만 불리겠다는 심산으로 시장에 진출해 의롭지 않은 일을 하는 상인은 머지않아 시장의 엄중한 벌을 받는다.

기업의 임원들은 진심으로 직원들을 존중하고 신뢰해서 직원들의 충성도를 높여야 한다. 직원들이 서로 공동운명체임을 알고 힘을 합쳐 일하면 해내지 못할 일이 없다. 이것이 인애의 힘이다. 또한 소비자와 고객을 사랑하고 고객이 왕이라는 생각으로 최상의 상품과 서비스를 공급해야 한다.

얼마 전 중국에서 일어난 분유 사건은 기업에 인애정신이 부족할 때, 돈만 추구하며 소비자의 건강을 나 몰라라 할 때 어떤 결과가 생기는지 분명하게 보여주었다. 해당기업의 추악한 욕심이 만천하에 드러난 이후 사람들의 분노와 놀라움은 하늘로 치솟아 그 기업의 재정상태는 물론이고 어렵게 쌓은 기업 이미지까지 한순간에 내려앉았다.

② '리利' 보다 '의義' 가 먼저

'리' 는 이익을, '의' 는 도덕을 가리킨다. 장사를 하는 사람은 누구나 돈을 많이 벌고자 한다. 하지만 공자는 눈앞의 이익을 보면 의리를 먼저 생각하라고 했다. 공자는 사람들이 부를 추구하는 것을 부정하지는 않았지만 양심을 저버리고 돈을 벌어선 안 되며, 반드시 타인의 이익을 해치지 않고 의롭게 돈을 벌어야 한다고 강조했다.

공자의 가르침은 유가의 '선의후리(先義后利, 먼저 의를 따지고 나중에 이익을 추구한다)' 와 '이의취리(以義取利, 의로써 이익을 취한다)' 사상을 말한다. 이익 앞에서 의를 저버리는 사람은 잠깐은 이득을 볼 수 있지만 결국 막다른 골목에 내몰려 먼저 취한 이익까지 모두 토해내는 상황을 맞게 된다.

③ '중中' 과 '화和' 중시하기

'중' 은 중용의 도를, '화' 는 조화를 가리킨다. 중용과 조화를 중시하는 이념은 주로 부를 실현하는 방식에서 나타나는데, 돈을 벌 땐 본인은 물론 다른 사람들도 다 같이 벌 수 있어야 하며, 경영자 간에 서로 이익이 되고 함께 '윈윈win-win' 해야 한다.

유가는 경쟁 자체를 부정하지는 않는다. 다만 부당한 경쟁수단을 사용해 '너 죽고 나 살기' 식으로 싸우는 것은 반대한다. 경쟁은 이치와 도리에 합당해야 하고, 중용의 도는 이치와 도리 사이에서 균형을 이뤄야 한다.

평소에 남들에게 미움 받는 짓만 하고 제멋대로 행동하면 아무리 능력이 뛰어나다 해도 상인으로 성공할 수 없다. 호랑이도 무리지어 덤비는 양 앞에선 꼼짝없이 당할 수밖에 없는 법이다.

기업의 분위기를 평화롭게 만들고 원만한 대인관계를 맺기 위해선 반드시 동료와 고객과 직원들을 배려하고 이들과 화목하게 지내야 한다.

④ 신용을 근본으로 삼기

신용은 유가의 가장 중요한 도덕규범이요, 상인이 반드시 갖춰야 할 덕목이다. 중국인은 신용을 지키지 않는 사람을 소인小人이라고 하여 깔보고 미워한다. 그래서 한번 약속을 잘 안 지키는 사람으로 낙인찍히면 훌륭한 상품을 만들어도 다들 무슨 속임수가 있을 거라고 생각해서 그와 거래하려고 하지 않는다.

공자는 "사람이 신용이 없으면 그 사람됨을 알 수 없다"라고 말했다. 신용은 성공을 보장하는 근본이기 때문에 신용이 없으면 아무것도 할 수 없으며, 아무도 함께 일하려고 하지 않는다. 이처럼 신용을 잃으면 더 이상 장사를 하기 어렵지만 반대로 신용이 두터우면 성실하다는 소문이 파다하게 퍼져 손님이 구름같이 몰려든다. 이는 역사를 통해서도 알 수 있다. 사마천은 상인을 '의상義商' 과 '간상奸商' 으로 구분했는데, 의상은 신용을 잘 지키지만 간상은 오직 돈만 알고 믿음과 의리가 없는 사람을 말한다.

이러한 신용을 비롯해 쉬지 않고 노력하는 정신, 순발력, 단결정신, 희생정신, 반성심 등 유가의 다양한 상업논리는 중국 상업의 완벽한 문화체계를 구성했다.

연금술사의 충고

1. '유위'는 책임감을 갖고 규칙에 따라서 해야 할 일을 적극적으로 하는 것을 가리킨다.
2. 양심적으로 이익을 추구하면 돈을 많이 벌 수 있지만 의롭지 않게 돈을 벌면 다른 사람의 이익을 해치게 된다. 도덕과 이익을 동시에 추구하면 명예와 이익을 모두 얻을 수 있다.
3. 신용은 기초이고 인애는 기준이며, 중용은 수단이고 의리는 목적이다.
4. 강한 사람이 되려면 먼저 조화의 도를 알아야 한다. 평화와 조화를 중시하면 부가 저절로 쌓인다.

스스로 주인이 되게 만드는 《도덕경》

인위적으로 하지 않아도 저절로 다스려진다

노자의 '무위이무불위(無爲而無不爲, 모든 것을 억지로 하지 않고 자연스럽게 한다)' 사상을 신봉하는 미국의 관리학자 피터 생게(Peter M. Senge)는 서양의 공업문명이 계속 발전하려면 반드시 동양의 지혜를 배워야 한다고 주장했다.

도가 사상은 중국 문화의 뿌리요, 기업가·정치가들의 수양의 근본이다. 사업으로 큰돈을 벌고 직원들을 잘 통솔하고 시장의 규칙을 파악하려면 반드시 도가 사상을 근본으로 삼아 유가 사상을 활용해야 한다.

도가는 개인과 단체의 독립성을 존중하는 동시에 통일성을 강조하는 등 개인과 단체의 체계적인 사고를 중시한다. 이러한 도가 사상이 집약된 《도덕경》은 부를 관리하는 수준 높은 기술서요, 정치인들과 기업가들의 필독서이다. 전 세계 수십 개 국가에서 번역되어 출간됐고, 많은 기업가들이 《도덕경》을 열독하고 그 오묘함을 연구하고 있다. 그러므로 중국 상업계에 자연스레 녹아들려면 반드시 《도덕경》을 읽어야 한다. 그렇지 않으면 중국 시장에서 종횡무진 활동하기 어렵다.

중국의 우한에서 사업을 하는 천용밍 씨는 부동산 사업에 도가 사상을 도입해 탁월한 효과를 보았다. 예전에 그는 사업에 문제가 생기면 인맥을 통해서 가격을 조정하거나 경쟁상대에게 실력을 행사했는데, 그랬다가 본전도 못 찾은 적이 한두 번이 아니었다. 서양 스타일의 경쟁이 중국 시장에서는 통하지 않아 경쟁에서 수없이 고배를 마신 것이다.

그는 이렇게 말한다.

"더 이상 예전처럼 위협적으로 사업하지 않아요. 대신에 점잖게 앉아서 저는 상대방 입장에서 생각하고, 상대방은 제 입장에서 생각하게 하죠. 이렇게 했더니 지금은 다들 좋은 파트너가 되어서 좋은 땅이 나오면 서로 차지하려고 싸우지 않고 함께 개발해요. 싸우지 않으니까 좋은 점이 더 많더라고요. 인맥도 넓어지고 말이죠."

비용신 중국 스웨이 그룹 회장은 '무위無爲'와 '부쟁不爭'을 가장 중요한 경영이념으로 삼은 중국 최초의 도가 상인이다. 그는 경쟁상대가 없는 상품만 취급했다. 그러다 경쟁상대들이 뒤늦게 하나 둘 시장에 뛰어들면 서서히 시장에서 철수하고 다시 새로운 시장을 개척해, 경쟁상대가 없는 일인자가 되었다.

'부쟁'은 남들이 취급하지 않는 상품을 선택해 시장을 개척하고 장악하는 것을 뜻한다. 비용신 회장이 개발하기 전까지 약품 시장에 '지에얼인'(부인과 질환 약)과 같은 약은 없었다. 하지만 사람들이 밝히기 꺼리는 질병을 다년간 연구해서 독창적인 약품을 만든 결과 스웨이 그룹은 빠르게 발전했다.

거리에는 사람들의 심심한 입을 달래주는 음식점들이 많다. 그런데 돈을 벌려면 옆집보다 빵을 더 맛있게 만들거나 꼬치를 더 길게 만들거나 만두소를 더 많이 채우거나 해서 무어라도 남들보다 잘하거나 남들이 취급하지 않는 먹을거리를 팔아야 한다. 그래야 손님을 빼앗기는 두려움에서 벗어날 수 있다. 하지만 경쟁을 피하면 다른 사람들과 파이를 나눠먹지 않아도 된다. 또한 실력이 막강한 사업가들 틈에서도 시장을 독차지할 수 있다.

시장은 전쟁터와 같아서 수단과 방법을 가리지 않고 서로 나만 살겠다고 싸우면 점점 더 헤어 나올 수 없는 수렁에 빠진다. 하지만 '부쟁'을 추구하면 경쟁자들과 싸우지 않아도 잠재적인 시장을 얻고, 무위가 유위가 되는 도가의 '무위이무불위' 사상을 실현할 수 있다.

도가 상인의 인격은 물의 성질을 닮았다. 물처럼 맑고 모든 것을 포용하며 파고들지 못하는 곳이 없다. 또 모든 사람들과 친구로 지내므로 인맥이 넓고 실력이 튼튼해서 일을 거침없이 추진한다.

'무위'와 '부쟁'은 모두를 고르게 만족시키는 수단이요 전략이다. 따라서 사업가는 도가 사상을 근본으로 삼고, 시장을 적극적으로 창조하고 개척하는 유가 사상을 실제 사업전선에서 활용해야 한다.

관리하지 말고 풀어주라

관리의 본질은 사람이 사람을 관리하는 것이다. 작게는 기업에서 크게는 국가까지, 모두 사람이 사람을 관리한다. 하지만 사람을 관리하는 것은 매우 어려운 일이다. '목줄'을 너무 꽉 조이면 창의력이 죽고 느슨하게 풀면 오합지졸이 되지 않는가?

하지만 노자의 무위사상이라면 이 문제를 말끔히 해결할 수 있다. 사람이 사람을 관리하지 않고 풀어주면 '무위이치無爲而治', 즉 인위적으로 하지 않아도 저절로 다스려지게 된다. '목줄'을 버리니 사람의 본질이 되살아나는 것이다.

'무위이치'는 양을 방목하는 것과 같다. 만약에 양마다 목에 줄을 매어 직접 이리저리 끌고 다니며 풀을 먹인다고 하자. 그렇게 하면 양도 실컷 풀을 먹지 못하고, 목줄을 잡고 있는 사람도 힘들다. 가장 좋은 방법은 울타리 안에서 양들이 마음껏 풀을 먹을 수 있게 자유롭게 풀어주는 것이다.

사장은 마음대로 직원들을 간섭하지 않고 일하기 좋은 환경을 제공해야 하며, 정부는 시장에 지나치게 개입하지 않고 엄격한 관리체계를 세워야 한다. 이렇게 사람을 관리하지 않고 융통성 있게 풀어주면 '무위'가 '유위'가 된다.

가치투자는 무위의 도와 일치하는데, 무위는 관리해야 하는 것과 관리하지 않아도 되는 것을 구분하는 기질이요, 인격이나 일처리에 자신 있는 상태이다. 좋은 주식을 샀으면 한동안 잊고 지내야지 온종일 주가 시세창만 보고 있어선 안 된다. 눈이 빠져라 쳐다보면 알아서 주가가 오르는가? 올바른 선택을 했다면 시장은 규칙에 따라서 알아서 문제를 해결한다.

근현대 시장 경제의 설계사인 애덤 스미스는 '보이지 않는 손'으로 '무위이치'의 이상적인 상태를 실현하고자 했다. '보이지 않는 손'은 사람에 의해서 좌지우지되지 않는 시장의 규칙이다.

도가 사상은 규칙을 존중하고 간섭을 제한하고 자연스러운 상태를 추구하는 '도법자연道法自然'을 강조했다. 무위는 자기 기분대로 아무렇게나 하는 것이 아니므로 상인은 무위의 방식으로 해야 할 것과 유위의 방식으로 해야 할 것을 잘 구분할 줄 알아야 한다. 도가의 '무위이무불위' 사상에 정통하면 사업가나 정치가 모두 순풍을 만나 순항할 수 있다.

싸우지 않고 이긴다

싸우지 않고 이길 수 있을까? 이길 수 있다. 노자는 "도가도道可道, 비상도非常道"라고 했다. "도가도, 비상도"는 사람들이 흔히 말하는 도는 불변의 도가 아니라는 뜻이다. 사회 경험이 풍부하면 이 말의 의미를 더 잘 이해할 수 있다.

어떤 것들은 손에 넣으려고 싸우면 더 잃게 된다. 너무 갖고 싶은 나머지 약점을 모두 드러내 상대방에게 전략적으로 지는 것이다. 하지만 큰일도 가볍게 처리하면 싸우지 않고 이길 수 있다. 갖고 싶어도 무심한 척 행동하면 '싸우지 않는 자'가 최후의 승자가 된다. 경쟁하지 않고 타협과 협력을 통해서 최대의 이익을 올리는 것과 경쟁을 피하기 위해서 독창적인 시장을 개척하는 것은 모두 싸우지 않고 이기는 전형적인 예이다.

길을 가는데 몇 미터 높이의 벽이 앞을 딱 가로막고 있다. 계속 갈 수 있는 방법은 벽을 타넘거나 돌아가는 것이다. 벽을 타넘으면 정복감은 들지만 만에 하나 떨어지면 온몸에 멍이 들거나 심하면 뼈가 부러지는 중상을 당할 수도 있다. 하지만 길을 돌아가면 시간과 힘을 절약하고, 손쉽게 가던 길을 재촉하는 목적을 달성할 수 있다.

워렌 버핏의 가치투자 이론은 도가의 '부쟁이승不爭而勝', 즉 싸우지 않고 이기는 사상과 비슷하다. 그는 주가 시세 창을 온종일 뚫어지게 쳐다보지도 않고 주가가 단기 충격에 출렁여도 전혀 개의치 않고 장기 보유한다. 언뜻 보기에 주식 시장과 싸우지 않는 것처럼 보이지만 사실 그는 누구보다도 주식 시장의 생리를 잘 아는 진정한 주식 시장의 승리자이다.

경직되지 않고 부드럽게 관리하는 무위이치의 관리 사상은 이미 상업계의 추세가 되었다. 무위이치의 관리는 직원들이 관리되는 걸 느끼지 못하고 스스로 기업의 주인이라고 생각하고 적극적으로 일하게 만든다.

서양의 어떤 학자는 "가장 좋은 관리는 최소한으로 관리하는 것"이라고 말했는데, 무위사상이야말로 바로 최소한의 관리이다. 최소한의 관리는 사람의 마음을 편안하게 하며 실수하지 않게 하고 사업과 재테크에도 큰 도움을 준다.

연금술사의 충고

1. 무위는 최소한의 자본으로 마땅히 해야 할 일을 해서 최대의 이익을 얻게 한다.
2. 관리의 '목줄'을 놓으면 직원들의 지혜가 최고로 발휘된다.
3. '부쟁'은 목적이 아니고 수단이다.
4. 무위는 무턱대고 양을 풀어주는 것이 아니라 과학적으로 방목하는 것이다.

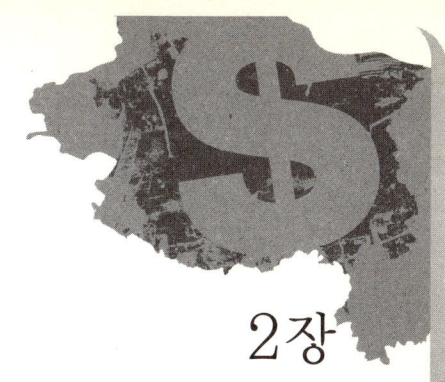

2장

중국 상인의
황금을 캐는 병법

가격은 고점을 치면 장차 떨어지고 바닥에 도달하면 이내 반등한다. 훌륭한 상인은 이 불변의 법칙을 이용해서 매매 시점을 정확히 포착하고 이익을 남긴다.

시장은 일정한 규칙에 따라서 변화하기 때문에, 안목이 뛰어난 사람은 이처럼 시장의 변화 추세에 순응하고 미래를 예측하여 사업의 기회를 찾고 자기 것으로 만든다.

추세에 순응해 전략을 세우고 이익을 추구하라! 상인의 발전 가능성과 사업의 미래는 추세가 결정한다.

지역의 특징을 파악해서
좋은 곳을 선택한다

《사기 · 화식열전史記 · 貨殖列傳》을 보면 진나라는 월나라를 멸망
시킨 뒤에 이민정책을 폈다. 진나라 사람들은 대부분 원래 살던 곳
에 남고 싶어 했지만 부유한 상인인 탁씨는 외진 산골인 문산으로
보내달라고 자청했다. 탁씨는 사람들이 스스로 고향을 떠나는 자신
을 바보라고 비웃어도 그저 말없이 웃기만 했고, 몇 년 뒤에 재산을
몇 배로 불려 문산에서 명성이 가장 자자한 거상이 되어 나타났다.

문산은 진나라의 변방에 위치했지만 토지가 비옥하고 민심이 좋
아서 재산을 불리기에 더없이 좋았다. 또한 지형이 동서로 길고 사
람들이 부지런해서 상업을 발전시키기에 최적의 장소였다. 탁씨는
문산의 지리적 이점을 간파하고 그곳에서 장사를 하기로 결심했는
데, 지리적 위치와 시역적 특징을 중시하는 그의 사상은 후대 상인
들에게도 많은 영향을 주었다.

손자는 병법서에서 "부지형자, 병지조야夫地形者, 兵之助也"라고

말했다. 군사작전을 펼 때 지형이 매우 중요하다는 뜻이다. 평원은 대대적인 군사작전을 펴기에 적합하고 나무가 우거진 산지는 게릴라전을 하기에 유리하다. 또한 깊은 산중에서 전형을 다듬는 데 급급하면 필히 패하고, 끝없이 펼쳐진 초원에서는 병사를 충분히 확보하지 못하면 승리를 장담할 수 없다.

전쟁터 같은 시장에서 살아남기 위해서는 지리적 이점이나 특징을 파악한 뒤에 가장 적합한 곳에서 장사를 시작하고 발전시키는 것이 중요하다. 예컨대 북쪽 지방은 밀을 심고 남쪽 지방은 벼를 심으면 결코 농사를 망치지 않으며, 사막에서 물고기를 잡으려고 해선 안 되고 해안가에서 가축을 키워선 안 된다는 것이다. 이처럼 지리적 이점을 알고 사업을 시작하면 실패하지 않고, 지역을 잘 선택하면 성공할 수 있다. 중국 상인들은 일찍이 이 점을 깨닫고 사업에 활용했다. 춘추전국시대 때의 전략가요 거상인 범려는 이 방면에 탁월한 재능이 있었다. 그는 월나라 왕인 구천을 도와서 오나라를 멸망시키고 관직에서 물러나 장사를 시작했는데, 장사하는 솜씨가 보통이 아니었다.

범려가 장사를 하기 위해서 찾아간 곳은 산동의 도읍이다. 도읍은 유통의 중심지이자 사방으로 길이 나서 무역을 하기에 좋고 유동 인구가 매우 많았다. 범려는 도읍을 사업의 근거지로 삼고 장사를 시작해 금세 '도주공'이라는 명예를 얻었는데, 무려 세 차례나 도읍의 가난한 사람들에게 재산을 나눠주고도 다시 자수성가해서 예전보다 더 많은 재산을 모았다.

도읍의 이점은 첫째, 교통이 편리하고 인구가 많으며 물자가 풍부하고 상업의 중심지이다. 또한 공급이 수요를 채 따라가지 못할 정도로 소비력이 왕성하고 물자를 운송하기도 편리하다.

둘째, 지리적으로 위치가 특수하다. 도읍의 동북쪽은 상업이 발달한 위나라와 접하고, 동쪽은 제나라·노나라와, 서쪽은 위나라·한나라와 맞닿아 있는데 서로 왕래하려면 반드시 도읍을 거쳐야 했다. 때문에 도읍은 상품 거래가 활발하고 정보를 수집하기도 편리해서 상품의 매매 시기를 저울질하기에 좋았다.

셋째, 주변 지역에 비해 상대적으로 장점이 많았다. 제나라보다 직물, 생선, 소금이 많이 생산되고 월나라보다 조, 대추가 많이 생산됐다. 또한 남쪽의 추나라와 동남쪽의 노나라에서 뽕나무와 삼이 많이 생산되는 등 인근 지역에서 다양한 물품이 생산되고 교통이 편리해서 재고가 쌓이지 않았다.

이상의 세 가지 이점을 종합하면 도읍은 기후, 지리, 인화라는 세 조건을 모두 갖췄다. 다시 말해서 날씨가 좋고 농산물이 풍부해서 사람들이 살기에 적합했고, 위치가 좋고 교통이 편리해서 많은 사람들이 상업 활동에 활발하게 참여했던 것이다.

도읍에서 장사를 하면 남쪽 지방의 상품을 북쪽으로 운송하는가 하면 북쪽 지방의 상품을 남쪽으로 운송하고 동서남북 각 지역의 계절, 기후, 민심, 풍속의 차이를 이용해 중간에서 어부지리로 이익을 취할 수 있었다. 또한 기후와 토지 같은 환경조건이 뛰어나고 다양한 농산물이 생산되어서 장기적으로 가치투자를 하기에 적합했다. 한마디로 도읍은 싸게 사서 비싸게 팔고, 안정적으로 투자하는 것이 가능한 곳이었다.

범려는 오랜 관찰 끝에 도읍에 거주하기로 결정했다. 그는 농사를 짓고 가축을 키워서 경제적인 기반을 마련하고, 상품을 사고팔아 시세 차익을 남겨 몇 년 만에 거액의 재산을 모아 거상이 되었다.

중국 장수성 양저우는 교통의 요지인데다 물길이 좋아 화물을 운송하기에 좋다. 게다가 차, 소금, 직물 등이 대량 생산되어 옛날부터 무역을 하려는 많은 상인들이 양저우로 몰려들었다. 명·청시대를 풍미했던 휘저우 상인도 양주에서 장사를 시작해서 상업계의 큰손으로 성장했다.

여행업에 적합한 지역이 있는가 하면 수산업이나 운수업에 적합한 지역이 있는 등 각 지방은 저마다 특정 사업을 하기에 유리한 특징이 있다. 훌륭한 상인은 독특한 사업을 벌일 수 있는 기회를 발견하면 자신의 지혜와 환경의 이점을 충분히 이용해서 사업적으로 큰 성공을 거둔다.

지리, 기후, 문화, 풍속의 차이는 사업의 성패에 중요한 영향을 미치므로 공장 건설에 투자하거나 상점을 낼 때는 반드시 지리적 이점을 고려하고 가장 이상적인 위치를 찾아야 한다.

사람들은 대부분 지리적 우세를 활용하지 않고 무엇이 돈이 된다 싶으면 우르르 달려들어 치열한 경쟁을 벌인다. 하지만 산에 살면 산에 의존하고, 물가에 살면 물에 의존해서 먹고사는 것이 현명한 방법이다.

도읍에서 소금을 파는 의돈은 연일 비가 내려 장사가 안 되자 범려를 찾아가 도움을 청했다. 범려는 사업을 다양하게 하는 것이 좋으니 당장은 잘 안 되더라도 소금 장사를 끝까지 포기하지 말고 마침 강가에 풀이 좋은 넓은 초원이 있으니, 그곳에서 가축을 키워보라고 제안했다. 의돈은 범려가 시키는 대로 소금도 팔고 가축도 키워서 훗날 도읍의 거부가 되었다.

만약에 갑작스럽게 지리적 조건이 변하면 어떻게 해야 할까? 이점이 있는 곳을 찾아 떠나는 것이 상책이다. 덩치가 비교적 가벼운 소기업이나 작은 점포는 지리적 조건이 변하면 본사나 장사하는 장소를 민첩하게 옮기거나 변화에 빠르게 적응해야 하고, 대기업처럼 기존에 확보한 고객과 어렵게 유치한 인재들 때문에 거점 사업 지역을 쉽게 옮길 수 없을 때는 해당 지역의 특징을 새로 발굴하고 기업의 잠재력을 최대로 끌어올려서 이를 만회해야 한다.

예컨대 차가 많이 다니는 도로변에 식당을 차렸는데 처음에는 장사가 매우 잘됐다고 하자. 하지만 어느 날 갑자기 정부 정책이 바뀌어 도로가 새로 나면서 지나다니는 차량이 확 줄고 그 바람에 손님도 반으로 뚝 떨어졌다면 어떻게 해야 할까? 돈을 벌려면 차가 많이 다니는 곳으로 식당을 옮기는 수밖에 없다.

사업과 재테크는 게임이 아니라 실전이다. 따라서 점포의 위치나 기업의 부지를 선택할 때는 사전에 지리적 이점과 특징을 충분하게 조사하고 분석해야 한다.

시기적, 지적인 판단을 잘 내린다

범려의 스승인 계연은 "가뭄이 들었을 때 배를 사고 홍수가 났을 때 수레를 사라"고 말했다. 가뭄이 들면 배를 몰 수 없어 배의 가격이 뚝 떨어지고 홍수가 나면 수레가 다닐 수 없어 수레의 가격이 뚝 떨어진다. 하지만 다시 비가 내리면 배의 가격이 정상 가격을 회복하고 수해 복구가 끝나면 수레의 가격도 다시 오르게 마련이다. 원래 물건은 수량이 적고 사람들이 급히 찾을 때 가격이 오르지 않는가?

가격은 고점을 치면 하락하고 바닥을 치면 다시 오르는 것이 오랜 규칙이다. 현명한 사업가는 변하지 않는 이 규칙을 이용해서 매매 시기를 조율하고 이익을 남긴다.

시장에서 상품의 가격은 파동을 그리며 오르락내리락하고 상인은 그 파동의 폭만큼 이익을 취한다. 그렇다면 가격의 파동을 이용할 수 있는 방법은 없을까? 있다. 쌀 때 사서 비쌀 때 파는 것이다.

다시 말해서 상품의 가격이 폭락해서 내재가격에도 못 미칠 때 구입해서 가격이 내재가치보다 높을 때 파는 것이다.

상업의 비조라고 불리는 백규도 범려처럼 매매 시기를 매우 중시했다. 상인은 사고파는 시기를 놓쳐선 안 되고 기회를 잡아 이용할 줄 알아야 하는데, 이때 가장 중요한 것이 가격이다. 가격이 좋은 기회를 발견하면 망설이지 않고 그 즉시 잡아야 한다.

예나 지금이나 저가에 사서 고가에 파는 것은 이윤을 남기는 기본 원칙이다. 백규는 각종 상품의 가격 변화를 유심히 관찰해서 풍년이 들어 곡물의 가격이 떨어지면 대량으로 곡물을 사들이는 동시에 사람들이 많이 찾는 비단을 창고에서 꺼내 비싸게 팔았다. 그리고 비단이 시장에 쏟아져 나오면 싼 값에 비단을 대량으로 사들이고 전에 창고에 저장해놓은 곡물을 비싸게 팔았다.

백규는 "장사를 해서 부를 쌓으려면 강태공, 이윤이 전략을 세우듯, 손빈, 오기가 병사를 부리듯, 상앙이 법을 집행하듯이 해야 한다. 임기응변의 지혜가 부족하고 과감하게 판단하는 용기가 부족하고 얻었다가 다시 주는 어짐도 없고 원칙을 고수하는 강인함이 없는 사람은 내게 경영의 도를 배우고 싶어도 배울 수 없다"고 말했다.

백규의 이야기는 싸게 사서 비싸게 팔려면 두 가지 원칙, 즉 시기적인 판단과 지적인 판단을 잘 내려야 한다는 사실을 말해준다. 여기서 시기적인 판단은 쌀 때 사서 비쌀 때 파는 것이고, 지적인 판단은 상품의 가격이 내재가치보다 싼지 비싼지 판단하는 것이다.

중국 송나라의 설화집 《이견지夷堅志》에 따르면 송나라 때 임안성에 큰 불이 났다. 그 바람에 배씨의 가게도 시커먼 잿더미로 변했다. 하지만 그는 망연자실하지 않고 몇몇 사람과 함께 은자를 챙기고 성 밖으로 나가 건축자재를 잔뜩 사왔다. 화재로 많은 사람들이 집과 가게를 잃어서 다시 건물을 지어야 하게 되었으니, 그러면 건축자재 값이 폭등하지 않겠는가? 과연 배씨 상인의 예상은 적중했다. 오래지 않아 건축자재 값이 폭등해서 배씨 상인은 가게를 할 때보다 열 배나 더 많은 돈을 벌었다.

배씨 상인은 시기적인 판단은 물론 지적인 판단도 뛰어났다. 그는 화염에 휩싸인 자신의 상점을 보고 앞으로 많은 사람들이 다시 집을 지어야 하기에 머잖아 건축자재 값이 치솟을 것이라고 생각했고, 예리한 관찰력과 정확한 판단력 덕에 뜻하지 않은 화재를 겪고서도 큰돈을 벌 수 있었다.

한번 놓친 기회는 다시 오지 않으므로 기회가 있을 때 빨리 판단해서 잡아야 한다. 기회는 조금만 늦어도 바로 사라진다. 상품의 가격도 마찬가지라서 쌀 때 사서 비쌀 때 팔아야 한다. 이것은 주식투자자나 수집자들에게도 똑같이 해당되는 말이다. 단기투자자나 장기투자자가 이윤을 얻을 수 있는 가장 좋은 방법은 시세 차익을 노리는 것이다.

하루 뒤, 일 년 뒤, 십 년 뒤를 예측한다

　　월나라 왕인 구천은 오나라 왕에게 갖은 모욕을 당했지만 망국의 치욕을 갚기 위해서 와신상담하며 복수의 칼날을 갈았다. 어느 날 구천은 오나라에 극심한 가뭄이 들어 전국의 농토가 쩍쩍 갈라졌다는 소식을 듣고, 아는 상인들을 모두 불러 모아 거금을 주며 오나라의 곡식을 보이는 족족 다 사들이라고 지시했다. 구천의 상인들이 시세보다 곡물 값을 조금 비싸게 부르자 오나라 상인들은 얼씨구나 하고 곳간에 있는 곡식을 모두 내다 팔았다.

　　이듬해가 되자 가뭄의 여파가 조금씩 드러나기 시작했다. 곡식이 부족하자 백성들이 도탄에 빠지고 오나라는 일대 혼란에 휩싸였다. 백성들이 쫄쫄 굶는데도 오나라 왕은 속수무책이었고 월나라는 이 틈을 타 오나라를 공격해서 멸망시켰다. 이로써 자신의 정치적, 군사적 목적을 달성한 구천은 '춘추오패' 의 대열에 올랐다.

　　구천은 앞날을 예측하는 상업의 지혜를 정치에 성공적으로 활용했다. 오나라에 가뭄이 들었다는 소식을 듣고 이듬해 곡물 생산량이 줄 것을 예상했고, 곡식을 사들여 값을 잔뜩 올려놓으면 민심이 분열될 것이라고 판단한 것이다.

시장은 일정한 규칙에 따라서 변화하기 때문에, 안목이 뛰어난 사람은 이처럼 시장의 변화 추세에 순응하고 미래를 예측하여 사업의 기회를 찾고 자기 것으로 만든다. 가격은 시간과 추세의 요소에 따라 결정된다. 어떤 상품의 가격이 지금 낮다고 해서 앞으로 계속 낮으리란 법은 없다. 따라서 시장의 추세를 예측하는 법을 배우면 어떤 상품의 미래의 내재가격도 알 수 있다. 추세에 순응해 전략을 세우고 이익을 추구하라! 상인의 발전 가능성과 사업의 미래는 추세가 결정한다.

명나라의 비단 장수인 유전보劉全寶는 원래 과거에 떨어진 수재인데 생계를 잇기 위해 역참의 다관에서 점원 노릇을 했다. 다른 점원은 손님에게 차를 따르고 탁자를 닦고 나면 주로 멍하니 앉아 딴생각을 하며 시간을 보냈다. 하지만 유전보는 손님들 곁에서 전국 방방곡곡의 재미있는 이야기들을 들었고, 듣다가 쓸모 있는 것이 있으면 몰래 적어뒀다.

훗날 유전보는 사장이 되어 자신의 상점을 차리게 되었다. 그리고 십여 년 만에 쑤저우와 항저우 일대에 여러 개의 비단 상점을 내고, 무역업에도 진출해 무수한 은화를 벌어들이고 남쪽 지방에서 제일가는 부자가 되었다.

어느 날 친한 친구가 유전보를 찾아와 물었다.

"옛날엔 자네나 나나 똑같이 과거에 떨어진 처량한 신세였는데,

십 년이 지난 지금 자네는 부유한 상인이 됐지만 난 여전히 가난한 서생 꼴을 못 면하고 있네. 대체 이게 무슨 조화인가?"

유전보가 웃으며 대답했다.

"그걸 아직 모르는가? 자네도 책만 보지 말고 직접 세상을 돌아다니며 보고 배우게."

유전보는 세상일을 관심 있게 지켜보고 정보를 수집해서 무수한 사업의 기회를 찾았다. 하지만 그의 친구는 과거 시험에서 떨어진 충격에서 벗어나지 못하고 자신의 처지를 원망하기만 했으니 상황이 나아질 리 있겠는가?

유전보는 해외에 비단과 도자기를 팔았는데, 이를 실어 나르려면 큰 배가 필요했다. 어느 날 유전보가 집에서 꾸벅꾸벅 조는데 하인 한 명이 헐레벌떡 뛰어와 바다에 거대한 풍랑이 일어 많은 상인들의 배가 침몰했다고 전했다. 상인들이 조난당한 것도 안타까웠지만 머지않아 선박 운임이 오를 것이라는 생각에 유전보는 가만히 앉아 있을 수 없었다. 그는 한걸음에 평소 자신과 함께 일하는 선주를 찾아가 먼저 운임을 올려주겠다고 제안했고, 협상 끝에 5%를 올리는 데 합의했다. 하지만 늑장을 부렸던 다른 상인들은 이튿날 평소보다 두 배나 많은 운임을 줘야 해서 울상을 지었다.

정확하게 판단하고 과감하게 행동하면 원금을 잃는 위기에서 벗어나 성공할 수 있다. 사전에 철저히 위험에 대비하는데 어떻게 실패가 따라올 수 있겠는가?

나폴레옹은 "세상에 쓸모없는 물건은 없다. 단지 필요 없는 곳에 놓였을 뿐이다"라고 말했다. 이는 곧 평범한 사물도 제 기능을 발휘

51

할 수 있는 자리에 놓이면 거대한 부를 안겨줄 수 있다는 뜻이다.

　사물의 기능을 최대로 끌어올리기 위해선 미래를 예측하는 능력을 키우는 동시에 사람들이 주의를 기울이지 않는 부분에서 부를 발견하고 사업적으로 중요한 기회를 잡아야 한다. 기회는 바다에서 헤엄치는 물고기와 같아서, 제 발로 사람의 품에 안기지 않는다. 따라서 가만히 앉아서 기다려서는 안 되며 적극적으로 찾아 나서야 한다. 유전보가 다른 점원들처럼 손님들의 수다에 귀를 기울이지 않았다면 견식을 넓히기는커녕 부자가 되는 기회도 얻지 못했을 것이다.

비싼 것을 똥처럼,
싼 것을 보물처럼 여긴다

싸게 팔아서 이익을 많이 남기는 박리다매 개념은 고대 중국의 시정잡배도 다 아는 것이었다. 박리는 싸게 팔아서 이익을 조금 남기는 것인데, 이렇게 하면 물건이 많이 팔려서 결과적으로 돈을 많이 번다. 또 싸게 많이 팔면 사업가의 신용이 높아져 장기적인 판로도 확보할 수 있다.

범려는 "상품을 쌓아두고 폭리를 취하려고 하지 말라", "이익이 10분의 1밖에 안 돼도 쫓아가라"고 말했고, 백규는 "돈을 불리려면 값싼 곡식을 사들이라"고 말하며 박리다매의 이념을 주장했다.

싸게 사서 비싸게 파는 것은 상인이 장사를 하는 목적이요, 경영수법이며 이윤을 얻을 수 있는 방법이다. 하지만 이익을 많이 남기려는 욕심에 유가의 이념에 맞지 않게 가격을 비싸게 책정하면 돈만 밝히는 상인으로 낙인 찍혀 소비자가 외면하게 된다. 유가 상인은 신용을 중시하고 싸게 파는 방식으로 고객을 확보하고 이윤을 늘려야 한다.

진나라의 상업이론가였던 계연의 말을 상기해보자.

"가격이 너무 비싼 것은 장차 싸질 징조이고, 가격이 너무 싼 것은 장차 비싸질 징조이다."

가장 좋은 경영방법을 묻는 말에 계연은 "비싼 것을 똥처럼 여기고 싼 것을 보물처럼 받들라"고 대답했다. 이 말은 가격이 너무 비싼 물건은 사려는 사람이 없어 똥 무더기와 다를 게 없으므로 이윤을 얻으려면 합리적인 가격에 팔라는 뜻이다.

사마천은 "사람들은 같은 물건이면 3원에 사려고 하지 5원에 사려고 하지 않는다"고 말했다.

《울리자鬱離子》를 보면 세 명의 상인 이야기가 나온다. 옛날에 세 명의 상인이 시장에서 각각 같은 물건을 팔았는데, 첫 번째 상인은 싸게 팔고 나머지 두 상인은 비싸게 팔았다. 그 결과 첫 번째 상인은 손님이 구름같이 몰려들어 장사를 시작한 지 1년도 안 되어 떼돈을 벌었지만 나머지 두 상인은 파리만 쫓다가 조용히 장사를 접었다는 것이다.

박리다매를 하면 단골손님과 장기적인 시장을 안정적으로 확보할 수 있다. 즉 영리 획득과 시장 점유라는 두 가지 목적을 동시에 달성할 수 있다. 그러나 박리다매가 손해를 보면서까지 싸게 파는 것을 말하는 것은 아니다. 단지 이윤폭을 조금 줄이는 것이다. 경쟁상대를 따돌리기 위해서 제 살 깎아먹기 식의 경쟁을 벌이는 것은 결코 현명한 방법이 아니며, 옛 중국 상인들이 추구했던 방법도 아니다.

유방의 모사인 장량은 원래 가위를 팔며 근근이 생계를 잇는 가난뱅이였다. 어느 날 그는 어떻게 하면 조금이라도 책을 더 볼 수 있을까 고민하다가 가위를 상, 중, 하 세 등급으로 나눠 팔기로 결정했다. 가위의 가격은 상품을 기준으로 중품은 한 푼을 덜 받고 하품은 두 푼을 덜 받았다.

효과는 바로 나타났다. 장량은 반나절 만에 하루치 가위를 다 팔았는데, 수입은 오히려 두 배로 늘었다. 또한 시간이 많이 남아 더 많은 시간을 공부에 투자할 수 있었다.

상품 하나당 남는 이윤이 적어도 일단 싸게 팔면 많이 팔려서 이윤이 전체적으로 증가한다. 정다 그룹 회장 시에궈민도 "이윤을 많이 남기려고 비싸게 팔면 외려 이윤이 줄고, 이윤을 적게 남기려고 싸게 팔면 아이러니하게도 이윤이 는다"고 말했다.

시에궈민 회장은 원가를 낮추면 싸게 팔아도 이윤이 남으므로 원가를 통제하는 것이 상품의 가격을 높이는 것보다 더 중요하다고 강조했다.

황광위 중국 궈메이 전자 회장도 박리다매와 서비스 정신을 경영 이념으로 삼고, 소비자에게 최저가의 전자제품을 제공해 시장에서 큰 성공을 거뒀다. 그는 중국 시장을 분석하다가 중국의 소매판매 방식이 외국과는 조금 다르다는 사실을 발견했다. 외국은 수량이 적은 제품을 비싸게 팔아서 이윤을 많이 얻지만 중국은 수량도 많고 품질도 좋은 상품을 싸게 팔아야 소비자들이 좋아한다. 그래서 궈메이 전자는 백규와 범려가 제창한 상도에도 부합하고, 중국인들의 소비심리와도 딱 맞아떨어지는 박리다매 방식을 취해서 중국 전자대리점 업계의 거두가 되었다.

55

독특한 매력으로 소비자의 관심을 끈다

소비자가 다시 찾아올 수 있는 환경을 만들어야 한다. 그러기 위해서는 다양한 방법을 동원해서 완벽한 소비환경을 창조해야 한다. 이렇게 하면 우연히 찾아온 고객도 단골이 된다.

잡지 〈옌징짜지燕京雜記〉는 베이징에 있는 한 음식점이 품격 있는 인테리어로 고객들의 발길을 사로잡았다는 기사를 실었다. 그 음식점은 오색찬란한 초롱을 달아 밤길을 백주대낮처럼 밝게 비추는가 하면 행인들의 눈에 잘 띄게 간판도 확 튀게 만들었다.

옛날 중국의 문화에서는 거문고를 타고 바둑을 두고 글을 쓰고 그림을 그리는 것이 유행했다. 상인들도 이러한 영향을 받아서 상점에 유명한 사람들의 서화를 걸어놓고 상점의 품위를 높여 고객이 오고 싶은 '친 고객' 적인 환경을 만든 것이다.

중국의 사극을 보면 찻집이나 주점에서 악단이 노래를 연주하거나 춤을 추며 손님들의 흥을 돋우는 장면이 나오는데, 당시에는 공연을 보며 차나 술을 마시는 것이 보편적인 소비문화였다. 한·당 대에는 노래와 춤으로, 송 대는 평서를 들려주며 흥을 돋워 부자들이 돈을 쓰게 부추겼다. 그 결과 송 대에는 소비를 촉진하는 예술이 발달했다. 물론 상점의 인테리어도 무시할 수 없는 부분이어서, 고풍스러운 색채로 우아한 분위기를 연출해 고관과 귀부인들의 고상한 소비심리를 만족시켰다. 하다못해 작은 국수집에서도 자신들의 가게를 찾는 손님들에게 평서를 들려주어 고객을 깍듯하게 존중하는 한편 고객이 제 집에 있는 것 같은 편안함을 느끼게 하여, 못 잊고 다시 찾아오게 만들었다. 요즈음 백화점 입구에서 외모가 단정한 여직원들이 일렬로 서서 고객에게 환하게 미소 지으며 인사하는 것은 이미 송나라 때부터 성행했던 방법이다.

명 대에 와선 고객을 많이 유치하기 위해서 지금의 컨설턴트에 해당하는 '문계問計'라는 특수한 직업이 생겨났다. 견식이 풍부하고 학식이 깊은 문계는 각 지역의 문화와 풍속을 바탕으로 소비를 전략적으로 부추겼다. 상인들은 새로 점포를 낼 때에도 문계에게 돈을 주고 어떻게 인테리어를 하는 게 좋은지, 또 그 지역의 유명한 사람이 누구고 주로 어디에서 돈을 쓰는지 물으며 조언을 구했다. 문계는 지역의 소비 수준을 고려해서 소비자들의 등급을 나누고 평범한 사람, 지식인, 부자들에게 돈을 서로 다르게 받았다.

청 대에 들어 전쟁으로 상업 분위기가 침체되자 문계라는 직종도 점차 쇠퇴했다. 이후 중국의 개혁 개방 정책으로 시장경제가 부활하고 기획의 중요성이 부각되면서 컨설팅 회사가 생겨났다. 컨설팅 회사는 상품을 홍보하고 판매량을 높이기 위해서 기업에 다양한 아이디어를 제공한다. 명 대의 문계와 명칭은 다르지만 상인이 소비자의 구미를 만족시키고 이윤을 많이 얻게 돕는 측면에서 본질은 같다고 볼 수 있다.

상인이 돈을 벌려면 고객이 돈을 써야 하는데, 고객은 상인을 선택할 수 있다. 따라서 상인은 다른 상인들과 경쟁하는 동시에 다양한 수단으로 소비자의 관심을 끌어야 한다. 스스로 독특하고 매력적인 상인이 되면 그만큼 성공할 가능성도 커진다. 중국의 옛 상인들은 이 점을 매우 중시했다. 옛날 사람들이라고 길바닥에 그저 물건을 쭉 펼쳐놓고 쉽게 장사했을 거라고 생각하면 큰 착각이다. 중국의 옛 상인들은 소비심리의 중요성을 잘 아는 '고객 지상주의' 이론을 채택했으며, 소비환경을 조성하는 측면에서도 지금의 상인들을 훨씬 뛰어넘는 고수였다.

의롭게 이익을 추구한다

의롭게 돈을 버는 것은 법과 이치에 맞게 부를 쌓는 것을 말한다.

유가는 '인의仁義'를 강조했는데, 공자는 어질고 의롭지 않은 사람은 개꼬리보다도 못하다고 생각했다. 사람이 동물과 구별되는 것은 숭고한 도덕의식이 있기 때문이다.

'인의'는 핵심적인 도덕이요, 상인이 반드시 갖춰야 할 덕목이다. 의롭지 않은 돈은 재앙의 근원이므로 아예 처음부터 벌지 않아야 한다. 이윤은 합리적인 통로를 통해서 남을 해치지 않고 대의에 어긋나지 않게 추구하는 것이 옳다.

한나라 사람인 천경은 가난하지만 의로운 협객이었다. 어느 날 누가 천경을 찾아와 금자 500냥을 주며 마을의 현수를 제거해달라고 부탁했다.

"현수라는 자가 마을 사람들을 돌보지 않고 괴롭혀서 벌써 몇 명이 무고한 목숨을 잃었는지 모릅니다. 더 이상 두고 볼 수 없습니다. 부디 협객께서 사악한 현수를 죽여주십시오."

천경이 마을에 내려가 사람들에게 현수에 관해서 묻자, 모두들 탐관오리라고 입을 모았다. 하지만 조정에 아는 사람이 있어 함부로 밀고할 수도 없다는 것이었다. 마음을 굳힌 천경은 그날 밤 몰래 현수의 집에 숨어들어가 단칼에 현수의 목을 벴다. 하지만 알고 보니 악행은 모두 현수가 아니라 현수의 부하가 저지른 일이었다. 현수가 비록 좋은 사람은 아니었다 해도 남의 손에 죽을 만큼 나쁜 놈도 아니었던 것이다. 천경은 죄책감에 괴로워하다가 결국 현수의 무덤에 금자 500냥을 바치고 무릎을 꿇은 채 스스로 목숨을 끊었다.

이 이야기는 '재財'와 '의義' 중에 무엇이 더 중요한지 분명하게 보여준다. 공자는 "군자도 재물을 좋아하지만 도로써 취한다"고 말했다. 의로운 재물은 모두 가져도 되지만 의롭지 않은 재물은 한 푼도 가져선 안 된다.

청나라 상인인 서준강은 계산에 능하고 사업상 전략이 뛰어나 돈을 잘 벌었다. 하지만 "돈은 샘물과 같아서 잃어도 다시 벌 수 있지만 의는 그렇지 않다"고 말하며 사업에서 '의'가 가장 소중하다고 강조했다. 그는 사서오경을 읽은 뒤에 깊은 깨달음을 얻고 장사에 '의'의 도리를 활용했다. 그는 또 "돈을 버는 데도 도가 있는 법이니, 오직 이익을 추구하기 위해서 돈을 벌어선 안 되고 의롭게 이익을 추구해야 한다. 가문은 물론 국가도 그래야 한다"는 말을 남겼다.

옛날부터 휘저우의 상인 중에는 유명한 상인이 많았다. 그 중에 이대호는 후계자에게 "재물은 도에서 생긴다"고 가르쳐, 후대 상인들이 자신을 엄격히 다스리고 의롭지 않은 재물을 뜬구름처럼 여기게 했다.

"선을 쌓은 집안은 반드시 복을 받고 악을 쌓은 집안은 반드시 벌을 받는다."

이 말은 엄중한 경고요 심오한 교훈이며, 정신적으로 고귀한 부로써 중국 상인들이 도덕의 기준을 확립하고 사회에 안정을 기하게 만들었다.

의롭게 이익을 취하면 덕이 쌓여 재물이 절로 굴러들어오지만 의롭지 않게 이익을 추구하면 있던 재물도 달아난다. 장기적인 안목을 가진 상인은 결코 악랄하고 비겁한 방식으로 이윤을 추구하지 않는다.

청나라의 저명한 서예가인 정판교는 홍강 상인인 정환제에게 '손해를 보는 것이 복을 받는 것이다' 라는 명언을 써줬다. 이것은 도의를 위해서 손해를 보는 것은 일종의 수확이요, 은혜의 씨앗을 뿌리는 것이나 마찬가지라는 뜻이다.

"배부른 자는 서서히 손해 보고, 손해 보는 자는 서서히 배가 불러진다. 스스로 손해를 보면 사람들에게 인정받고 마음이 편해져 곧 복이 찾아온다."

가끔은 손해를 보는 것이 복을 얻는 것이다. 예컨대 상인이 가난한 사람을 도우면 당장은 금전적으로 손해를 보지만 의를 추구했기에 명성이 높아지고 상점이 홍보되어 결국은 더 돈을 많이 버는 선순환이 일어난다.

'3·8 이론'을 잘 활용한다

모름지기 무용가의 소매가 길면 춤이 더 아름다워 보이고 자본이 많으면 장사하는 것이 더 순조롭다고 했다. 물론 돈만 많아서는 안 된다. 아무리 지혜가 뛰어나도 활용을 해야 실질적으로 뭔가를 얻을 수 있는 것처럼, 돈도 잘 운용해야 계속해서 불어난다.

그렇다면 성공하려면 어떻게 해야 할까? 첫째, 기본적으로 필요한 조건을 갖추고 둘째, 갖춘 조건을 잘 이용해야 한다. 자본이 부족해도 잘만 굴리면 '티끌 모아 태산'이라는 속담처럼 푼돈을 목돈으로 만들 수 있고, 빈손으로 시작해도 백만장자가 될 수 있다.

《한비자 · 오두韓非子 · 五蠹》는 "비언이 말하길 '소매가 길면 춤을 잘 추고 돈이 많으면 장사를 잘한다'고 했는데, 이는 돈이 많으면 일하기가 쉽다는 뜻이다"라는 글을 통해서 자금 활용의 중요성을 강조했다.

돈을 활용하는 목적은 돈을 더 많이 벌기 위해서이고, 돈을 더 많이 벌기 위해선 돈이나 물자가 빨리 돌게 해야 한다. 옛날 사람들은 상품은 품질이 좋고 저장하기 쉬워야 한다고 강조했다. 저질의 상품을 팔아서는 결코 이윤을 남길 수 없다. 따라서 부패하기 쉬운 식품은 재고를 만들지 않고 빨리 파는 것이 중요하다.

송나라의 학자인 심괄은 "10만 원을 전혀 굴리지 않으면 100년이 지나도 그대로 10만 원이지만 빠르게 회전시키면 100만 원이 된다"고 말했다. 10만 원을 100만 원으로 만들려면 반드시 지혜를 활용하고 돈을 '굴려'야 한다.

'3·8 이론'에 대해 들어봤는가? '3·8 이론'에 따르면 모든 사람은 하루에 똑같이 여덟 시간을 자고 여덟 시간을 일한다. 하지만 나머지 여덟 시간은 저마다 모두 다르게 보내는데, 이 여덟 시간을 어떻게 보내느냐에 따라서 그 사람의 업적이 달라진다는 것이다. 따라서 이 여덟 시간을 보람차게 보내면 인생의 수준을 한 계단 더 높일 수 있다.

단순히 자원을 가지고만 있으면 성공할 수 없다. 성공하려면 자원을 활용할 줄 알아야 한다. 세상에는 부자도 많고 장사를 하는 사람도 많지만, 소수만 성공하는 건 결국 자신의 자원을 활용할 줄 아는 사람이 많지 않기 때문이다.

기업을 관리하려면 직원들을 잘 활용해야 하고, 재정을 튼튼히 하려면 돈을 잘 활용해야 하고, 기업이 발전하려면 지혜를 잘 활용해야 하고, 최선의 결정을 내리려면 정보를 잘 활용해야 한다. 이렇게 활용은 사업과 재테크를 할 때 다방면으로 필요하다.

기발하고 전략적으로 일한다

중국의 병법은 적군의 허를 찔러 승리하는 것을 매우 중시한다. 병가는 늘 "군대에 기병이 없으면 전쟁에서 승리할 수 없다"고 말했는데, 장군이 병사들을 이끌고 전투에 나갔을 때 기병술을 잘 구사하지 못하면 병사가 많아도 전투에서 진다.

모름지기 군사작전은 전략적이고 적군의 예상을 벗어나야 한다. 사업도 마찬가지라서 번창하려면 반드시 도의에 맞고 전략이 기발해야 한다.

사마천은 《사기 · 화식열전》에서 "부자는 반드시 독특한 방법으로 돈을 번다"고 말하며 기발함이 상인에게 미치는 작용에 대해서 설명했다.

기발함은 주로 두 가지 방면에서 두드러지게 나타난다.

① 다른 상인이 취급하지 않는 독특한 상품

② 남다른 창의력과 전략

다른 상인이 취급하지 않는 독특한 상품을 팔면 남과 경쟁할 필요가 없어 싸우지 않고도 돈을 벌 수 있다. 기발한 상상력과 전략은 상인을 어두운 동굴에서 눈부시게 밝은 신천지로 안내하는 한 줄기 빛과 같다.

생각이 기발하면 기회를 적극적으로 창조하고 이용해서 실질적인 부를 만들 수 있다. 기회가 눈앞에 찾아왔을 때 승리는 늘 용감한 사람의 몫이다. 따라서 어떤 분야든 최초로 도전하는 사람이 되어야 한다. 새로운 상품이나 기회를 먼저 차지한 사람은 시장을 쉽게 선점할 수 있지만 뒤늦게 뛰어든 사람은 앞사람 꽁무니만 쫓다가 지쳐버리기 쉽다.

예컨대 빌 게이츠가 컴퓨터 운영체제의 중요성을 인식하지 못하고 1, 2년 늦게 사업을 시작했으면 드넓은 세계시장은 다른 사람이 차지하고 지금의 마이크로소프트 사도 없었을 것이다. 지금도 마이크로소프트 사가 운영체제 시장을 독점한 탓에 뒤늦게 뛰어든 기업들은 좀처럼 선전하지 못하고 있는 것처럼, 남보다 앞서 기발하게 행동하는 것은 매우 중요하다.

중국에서 원저우 상인은 '최초'에 도전하는 것을 두려워하지 않는 것으로 유명하다. 이들은 뭐든지 선점하는 재능이 뛰어나고, 돈 냄새를 맡는 사업적 후각이 예민해서 기회를 잘 발견하고 창조하여 결국은 자기 것으로 만든다.

사람들은 입버릇처럼 시대의 조류에 편승하지 않으면 도태된다고 말한다. 하지만 사실은 그렇지 않다. 시대의 조류를 따르는 사람은 그대로 조류에 휩쓸려 떠내려가고, 오히려 안 될 것 같은 일에

65

도전한 사람이 놀라운 성과를 이루고 역사를 새로 쓴다.

여불위는 사업을 하던 수완으로 정치에 입문해서 성공했고, 호설암은 당시 사람들이 감히 경쟁할 엄두도 못 냈던 서양 상인들과 견사 사업을 두고 당당하게 우열을 가렸다. 이들은 다른 사람들과 함께 동시대를 살았지만 무작정 시대의 조류를 쫓지 않고 스스로 탐험가가 되어 신대륙을 발견했다.

물론 돈을 벌 땐 항상 시장의 규칙을 준수해야 한다. 내부 정보를 이용하여 투기해서 시장을 혼란에 빠뜨리는 것은 독특한 발상으로 돈을 버는 것이 아니라 돈에 눈이 멀어 중대한 범죄를 저지르는 것이다.

안정된 상황에서 위기를 생각한다

중국 속담에 "홍수가 일어나기 전에 제방을 쌓고 늑대가 내려오기 전에 칼을 갈라"는 말이 있다. 편안할 때 위기를 생각하는 것은 비가 오기 전에 미리 깨진 유리창을 갈아 끼우는 것과 같다. 특히 사업을 할 땐 돌발상황이 일어날 것에 대비해 각종 대책을 세워야 한다.

편안할 때 위기를 생각하고 미리 대책을 세우면 진짜 위기가 닥쳤을 때 허둥대지 않는다. 싸움에 임박해서 칼을 갈면 빛은 나지만 칼날이 무디다. 때문에 상대방의 날카로운 칼에 맞서 방어 한 번 제대로 하지 못하고 목숨을 빼앗길 수도 있다.

어떤 직장인들은 상사가 지켜보지 않을 때 게으름을 피운 건 생각하지 않고 좀처럼 승진의 기회가 주어지지 않는다고 신세만 한탄한다. 하지만 정작 승진할 수 있는 기회가 주어지면 평소에 자기 계발을 꾸준히 하지 않은 탓에 모처럼 찾아온 기회를 놓치고 만다.

《서경書經》은 '생활이 편안하면 위험을 생각하고, 위험을 생각하면 미리 준비해서 화를 면해야 한다'고 했고, 《한서漢書》는 '태평성대를 구가해도 전쟁의 위협을 잊으면 반드시 위기를 맞는다'고 했다. 미래의 시장이나 사업의 향방에 대해서 준비할 때는 성공했을 때와 실패했을 때를 구체적으로 나눠서 계획과 방안을 짜야 한다.

얼마 전에 미국의 모기지 사태로 주식 시장이 폭락했을 때 처지를 비관하고 자살한 사람도 있었다. 그런 사람은 주가는 오르면 내리고 내리면 다시 오르는 게 생리인데 그것도 모르고 주식에 투자했단 말인가?

위기는 평소에 대비하지 않은 사람에겐 목숨을 위협하는 칼이지만 철저하게 대비한 사람에겐 기회가 될 수 있는 시기이다. 늘 위기의식을 갖자. 그러면 함정을 피하고 안전하게 부를 쌓을 수 있다.

아홉 가지 일을 시켜 인재를 알아본다

인재를 채용하려면 인재를 보는 안목이 있어야 한다. 옛날 사람들은 아홉 가지 일, 즉 멀리 심부름을 보내 충성심을 살피고, 가까이 놓고 일을 시켜 공경심을 살피고, 번거로운 일을 시켜 능력을 살피고, 갑자기 질문해서 지혜를 살피고, 급하게 약속을 잡아 신용을 살피고, 재물을 맡겨서 어짊을 살피고, 위기를 얘기해서 절의를 살피고, 술에 취하게 만들어서 법도를 살피고, 남녀를 섞어놓고 호색함을 살피는 것을 통해서 사람의 면모를 낱낱이 알아본 뒤에 조건을 모두 만족시키면 완벽한 인재요, 큰일을 할 사람이라고 생각하고 믿고 채용했다.

인재를 알아봤으면 다음 차례는 자기 사람으로 만드는 것이다. 사람을 채용할 때 눈여겨볼 점은 진실성이다. 미덥지 않은 사람은 채용하지 않고, 채용했으면 더 이상 의심하지 않아야 한다. 사람을 진실하게 대하면 누구나 자신의 재능을 최고로 발휘한다.

유방은 학식이 풍부하지는 않았지만 사람을 쓰는 데 탁월한 재주가 있었다. 만약에 유방에게 사람을 적재적소에 활용하는 능력이 없었다면 한나라는 역사에 등장하지 않았을 것이다. 유방은 수하에 장량, 한신, 소하를 뒀는데, 한 명은 전략의 기재이고 또 한 명은 천하를 다스리고 백성들을 위로하고 군량을 마련하는 기재이고 나머지 한 명은 병사를 다스리고 적을 공격하는 기재였다.

이에 비해 당시에 중원의 주인이었던 항우는 유방보다 권력도 많고 수하에 인재도 많았는데, 그 중에 범증이라는 자가 특히 뛰어났다. 하지만 항우는 범증을 가까이 두고 도움을 받지 않았고 중요한 순간에도 범증의 암시를 알아차리지 못했다. 게다가 부하들을 자주 의심해 결국 유방에게 중원을 빼앗기고 말았다.

기업의 사장이나 임원은 반드시 인재를 알아보고 능력을 판단할 줄 알아야 한다. 조조가 말했다.

"평화로울 땐 모든 상황을 이로운 방향으로 이끌어나갈 안목이 깊고 인격이 높은 사람을 등용해야 하고, 위태로울 땐 능력 있는 사람을 등용해야 한다."

중국의 옛 상인들은 인재를 반드시 자기 사람으로 만들라고 강조했는데, 지금도 기업들이 서로 인재를 유치하려고 뜨겁게 경쟁하는 것을 보면 이 말은 틀리지 않다.

손자가 말했다.

"이로운 전략을 따르고 이에 맞게 세력을 구축하면 외부를 더욱 튼튼하게 보호할 수 있다. 세력은 이로운 것을 바탕으로 권리를 제어하는 것이다. 고로 전쟁을 잘하는 자는 전쟁의 승패를 전체적인 기세에서 구하고 병사들을 탓하지 않으며 능력 있는 자를 임명해서 최대한 힘을 발휘하게 한다."

춘추전국시대의 상인들은 대부분 똑똑한 사람을 일꾼으로 쓰지 않았다. 똑똑한 머리로 하라는 일은 안 하고 딴 마음을 먹을까 봐 두려워서이다. 하지만 제나라의 상인인 도선은 똑똑한 사람을 고용해 마음껏 일하게 하고 월급도 많이 줬다. 그러자 직원들도 도선의 믿음에 보답하기 위해서 매우 훌륭하게 자신의 임무를 완성했다.

인재를 채용할 때 가장 중요한 것은 믿음이다. 믿음이 안 가는 사람은 멀리하고, 일단 일을 맡기면 전적으로 신뢰해야 한다.

명 대의 쑤저우 상인인 손춘양은 국내 화물, 해산물, 절인 고기, 장류, 양초 등을 취급하는 잡화점을 경영했다. 기록에 따르면 그의 잡화점은 점원이 카운터에서 전표를 받고 각각의 잡화점에 물건을 보내주는 독특한 방식으로 운영됐는데, 날마다 장사를 마감하기 전에 간단하게 하루의 장사를 결산하는가 하면 1년에 한 번씩 한 해의 거래를 총결산했다. 그의 상점은 품질을 엄격하게 관리하고 수량과 무게를 속이지 않아 명 대에서 청 대 건륭제 때까지 200여 년 동안 번영을 누렸다.

손춘양의 성공 비결은 뭘까? 신뢰이다. 사장이 점원들을 함부로 대하지 않고 존중하고 신뢰하자 점원들도 잡화점을 자기 가게처럼 여기고 열심히 일했고, 그 결과 잡화점은 나날이 번창했다.

청나라 때 귀저우 상인인 호영명은 장시에서 50년 넘게 장사를 했는데, 직원을 신뢰하고 손님을 속이지 않는 것으로 명성이 자자했다. 그가 말년에 경영에서 물러나 고향에 돌아왔을 때 어떤 사람이 찾아와 가게의 간판을 빌려달라고 간곡히 부탁했다. 그러자 호영명은 "당신이 진실한 사람이라면 굳이 내 이름을 빌릴 필요가 있느냐"라고 일언지하에 거절하고 그냥 돌려보냈다.

인재를 채용하고 채용한 인재를 신뢰하는 것은 아무리 강조해도 지나치지 않다.

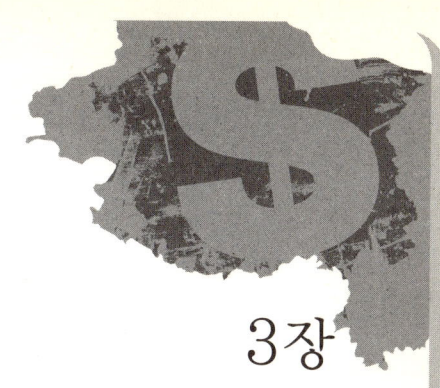

3장

거부가 되는
사업의 기술

노자가 말했다.
"오로지 다투지 않으니 천하에 능히 더불어 싸울 자가 없다."
가장 현명한 경쟁은 싸우지 않고 이기는 것이다.

작은 승부는 지혜로, 큰 승부는 덕으로

《채근담茉根譚》에서는 '덕은 사업의 기초이다. 기초가 튼튼하지 않은 집이 오래 간 적이 없다'는 말을 통해서 모든 분야를 막론하고 덕이 사업의 가장 중요한 기초임을 강조했다. 상인이 덕을 가장 잘 실천할 수 있는 방법은 소비자에게 신용을 지키고 성실함과 감사함을 잊지 않고 사랑과 성원을 받은 만큼 보답하는 것이다.

평소에 덕을 많이 쌓은 상인은 손을 대는 장사마다 성공하지만 덕을 쌓지 않은 상인은 손대는 족족 장애물에 걸려 넘어진다. 사람을 평가할 때 첫째는 덕을 보고 둘째는 재능을 봐야 한다.

멍니우 그룹은 탄생 순간부터 지금까지 영업액 부분에서 거의 하루에 하나 꼴로 경쟁기업을 제치는 기적을 일으켰다. 처음에 1116위였던 기업 순위는 순식간에 2위까지 껑충 뛰어오르는 기염을 토하며 중국의 자랑스러운 기업으로 우뚝 섰다.

멍니우 그룹은 어떻게 그렇게 초고속으로 성장했을까? 니우건성 회장이 어릴 때 어머니에게 듣고 인생의 좌우명으로 삼은 '작은 승부는 지혜로 겨루고 큰 승부는 덕으로 겨루다'라는 말의 영향이 크다. 이때 지혜는 승리하는 기술이요, 창의력이요, 전략이며 덕은 사람을 다정하게 대하고 모든 것을 얻는 생활태도이다.

초창기에 멍니우 그룹의 롤모델은 이리 그룹이었다.

니우건성 회장은 이리를 강력한 경쟁상대로 보는 동시에 학습대상으로 삼았다. 그는 이리와 펼치는 아름다운 '전쟁'에서 어떻게 하면 멍니우가 이리를 이길 수 있을까 곰곰이 생각하다가 중국 전역에 '네이멍구의 2등 기업'이라고 대대적으로 광고하기로 결심했다.

이리는 자타가 공인하는 네이멍구 제일의 유제품 기업이다. 그럼 제2의 기업은 어디인가? 어디에도 공식적인 기록은 없다. 하지만 멍니우는 스스로 2등 기업이라고 광고해서 경쟁관계에 있는 다른 기업들을 멀리 따돌리고 소비자의 뇌리에 멍니우라는 이름을 확실히 각인시켰다.

물론 멍니우 그룹이 순전히 광고의 힘으로 지금의 위치에 오른 건 아니다. 멍니우 그룹의 최대 주주인 니우건성 회장은 100년 앞을 내다보고 10% 남짓의 주식을 사회에 기증해 장학회를 만들고 본격적으로 덕으로 승부를 보는 행보를 시작했다.

니우건성 회장의 덕행은 크게 두 가지로 나뉜다. 첫째는 회장직에 있을 때 그룹을 지배하기 위해서 49%의 주식만 본인이 보유하고 나머지 51%의 주식을 장학재단에 기부한 것이다. 하지만 이마저도 회장직에서 물러날 때 차기 회장에게 표결권을 넘겨줬다. 둘째는 회장직에서 물러난 뒤에 본인 소유의 주식을 장학재단에 모두 기부한 것이다. 니우건성 회장은 부인과 아들딸에게 주식을 물려주지 않고 베이징, 상하이, 광저우 세 지역의 한 달 평균 생활비 정도만 다달이 준다고 한다. 이 소식이 신문에 보도되자 사람들은 니우건성 회장의 덕행에 깊은 공경을 표하고 멍니우 그룹에 사랑과 지지를 보냈다.

빠른 계산력과 뛰어난 전략은 작은 게임에나 통하므로 백년지대계百年之大計처럼 큰 계획을 성공시키려면 반드시 덕을 베풀어야 한다. 니우건성 회장이 이리에 도전장을 내고 치열한 경쟁을 벌이는 동시에 제2의 이리를 표방하며 멍니우의 이름을 널리 알린 것은 지혜의 승리였다. 하지만 전 재산을 기부하는 선행은 기업가의 책임감과 모범을 보여주는 덕의 승리여서 더 가치가 크다.

전 세계적으로 멍니우 그룹과 같은 방식으로 경쟁상대를 물리치고 사람들의 환영을 받은 예는 무수히 많다. 링컨은 1860년 미국 총선에 출마해서 대통령이 된 뒤에 샐먼 체이스를 재무장관에 임명했다. 그러자 많은 사람들이 샐먼이 유능하긴 하지만 오만하고 대인관계가 원만하지 않아 재무장관의 자리에 적합하지 않다고 반대했다. 실제로 샐먼은 대선에서 링컨에게 졌지만 자신이 링컨보다 여러 면에서 낫다고 생각하고 링컨을 눈엣가시로 여겼다.

링컨은 자신의 결정을 받아들이지 못하는 참모진에게 말했다.

"난 오히려 샐먼에게 감사해요. 샐먼이 위협해서 더욱더 앞만 보고 달릴 수 있었거든요."

이 얘기를 들은 샐먼은 그간 링컨을 미워했던 마음을 버리고 링컨에게 진심으로 고마워했다.

이렇게 덕의 위력은 대단하다. 따라서 상업계에서나 정계에서나 일상생활에서 덕을 베풀면 어떤 공격도 극복할 수 있다.

연금술사의 충고 ---

1. 경쟁상대, 동료, 소비자에게 친절하고 고마워하는 것이 덕이다.

2. 재능만 있고 덕이 없으면 큰일을 할 수 없다. 작은 일의 성패는 두뇌에 달려 있지만 큰일의 성패는 마음에 달려 있다.

3. 경쟁상대가 큰 나무이면 꺾으며 하지 말고 조력자로 삼는다.

4. 덕은 막무가내로 베풀어서는 안 되고 정확한 대상에게 베풀어야 한다. 공자는 "은혜를 입은 사람에겐 은혜로 갚고, 원한을 진 사람에겐 올바름으로 갚으라"고 말했다. 거듭 되새겨보자.

쉬지 않고 굳세게 행한다

유가 사상은 적극적으로 행동하고 고난에 맞서 싸우라고 격려한다.

기업가는 예전의 성공에 도취되어서도 안 되고 실패에 좌절해서도 안 된다. 돈이 많아도 자만하지 않고 가난해도 뜻을 굽히지 않으며 고생을 마다하지 않는 정신으로 적극적으로 노력하면 크게 성공할 수 있다.

홍콩의 유명한 상인인 훠잉동은 어릴 때 한겨울에도 맨발로 다닐 정도로 매우 가난했다. 아버지가 신발을 사주었지만 거리의 한 가게에서 잠깐 신발을 벗어놓고 음식을 먹다가 깜빡 잊고 그냥 집에 돌아와 잃어버렸다. 워낙 맨발로 다니는 것이 습관이 돼 맨발로 돌아오면서도 자신이 신발을 두고 온 것을 전혀 몰랐다.

일곱 살 때는 집안의 돈을 탈탈 털어 병을 치료한 보람도 없이 아버지가 돌아가셨다. 엄마와 아홉 살 누나와 다섯 살 여동생과 함

께 살기 위해서는 생활전선에 뛰어드는 수밖에 없었다. 그가 처음
으로 한 일은 증기선의 화부였다. 날마다 석탄을 퍼 나르고 집에 돌
아오면 뼈가 으스러지는 것처럼 아팠다. 또 선박의 도크에서 큰 쇠
망치를 들고 일하기도 하고 공항에서 중노동도 했으며 창고에서 쌀
도 날랐는데, 어머니가 다른 사람과 함께 잡화점을 내면서 마침내
고된 노동에서 벗어났다.

스물다섯 살 때 훠잉동은 다른 사람과 공동으로 주식회사를 설
립했다. 그리고 온갖 고초를 다 이겨낸 결과 작은 회사를 큰 공사의
하청을 전문으로 맡는 큰 회사로 키우고 억만장자가 되었다. 이는
모두 훠잉동이 가혹한 운명을 탓하지 않고 스스로 열심히 운명을
개척한 결과였다.

종칭호우 와하하 그룹 회장은 14만 위안(약 2380만 원)을 빌려서
사업을 시작한 뒤에 아이스크림 하나에 4편(약 7원)씩 팔아서 부자가
되었다. 와하하는 1989년에 탄생해서 단번에 성공했는데, 중국 전
역을 뒤흔든 '와하하를 마시면 식사시간이 즐거워요' 라는 광고는
와하하를 중국 음료 업계의 큰형님으로 만들었다. 지금 와하하 그
룹은 60억 위안(약 1조 200억 원)의 자산과 자회사를 거느린, 중국에
서 규모가 가장 크고 이익을 가장 많이 창출하는 음료기업으로 성
장했다.

종칭호우 회장은 어떻게 그토록 짧은 시간에 성공신화를 이뤘
을까? 그도 어릴 때는 매우 가난했다. 형제자매만 다섯인데다 아
버지는 직업이 없어 온가족이 초등학교 교사인 어머니의 수입에
의존해 어렵사리 살았다. 그는 염전에서 소금도 캐고 학교에서 설

립한 공장에서 판매원도 하는 등 10년간 몇 개의 공장을 떠돌며 일했지만 좀처럼 형편이 나아지지 않았다. 하지만 끝까지 포기하지 않고 인생의 가치를 높이기 위해서 더 열심히 노력했고, 마침내 성공했다.

소극적이고 미래를 꿈꾸지 않는 사람은 결코 황금을 캐지 못한다. 어제보다 나은 인생을 살려면 끊임없는 성장과 변화가 필요하다.

개인의 능력은 무한하다! 힘들어도 포기하지 말고 창업정신으로 열심히 노력해야 한다. 불굴의 정신만 있으면 누구나 성공할 수 있다.

연금술사의 충고

1. 가난도 무섭고 부유함도 무섭지만 진취성이 없는 것이 가장 무섭다.
2. 돈을 벌기는 쉽지만 지키는 것은 어렵다. 절대로 개척정신을 버리지 말라.
3. 적극적이고 진취적인 마인드를 가지면 사기를 당해도 금세 돈을 벌지만, 스스로 만족하고 발전을 멈추면 서서히 위험에 빠진다.

서로 이익이 되게 한다

중국 상인들은 '뭉치면 이익이고 흩어지면 손해다' 라는 독특한 윈윈 철학을 가졌다.

적을 친구로 만들면 서로 이익이지만 친구를 적으로 만들면 서로 손해다.

자기 이익만 챙기면 모두가 패배자

혼자 이익을 차지하기 위해서 외나무다리를 건넌 뒤에 다른 사람들이 못 쫓아오게 다리를 잘라버리면 다른 사람은 물론 본인도 결국 손해를 본다. 정말 장사를 잘하는 상인은 이익을 독식하지 않는다. 이익을 독차지하려는 마음에 잔꾀를 부리고 파트너나 소비자를 속이면 푼돈은 벌 수 있지만 결코 사업을 크게 키워 큰돈을 벌

82

수는 없다.

중국의 옛 상인들은 혜안이 남달라 나와 상대방 모두가 이익을 보는 방법을 추구했는데, 이는 지금의 상인들이 본받아야 할 면모다. 사업가는 다른 사업가들도 돈을 벌 수 있게 자신의 이익을 일부 양보해야 하고, 직장인은 뒤처지는 동료를 챙겨야 한다. 남을 돕는 것은 결국 자신을 돕는 것이나 마찬가지이기 때문이다.

사회는 촘촘하게 짜인 그물과 같아서 모두의 생존과 발전이 서로 밀접하게 관련돼 있다. 따라서 타인의 생존 권리를 이해하고 발전할 수 있게 응원하는 동시에 자신의 생존 권리를 보호하고 자신의 발전을 위해서 좋은 조건을 창조해야 한다.

'윈윈'은 동고동락하는 정신이요, '1+1'은 '2'보다 더 큰 효과를 발휘하게 하는 조합으로, 재물 운을 더 크게 키워준다.

송나라 때 상인인 예정은 자저우에서 죽공예품을 떼다가 메이현에 팔았다. 그는 풍부한 자본과 똑똑한 머리를 밑천 삼아 열심히 장사했지만 몇 개월이 지나도 사업이 커지기는커녕 골치 아픈 문제들만 꼬였다. 메이현은 산속 깊은 곳에 위치해 넓은 길까지 가려면 호랑이나 늑대의 습격을 무릅쓰고 몇 백 리를 걸어야 했고, 죽공예품을 들고 험준한 산을 통과하려면 많은 인원이 필요했다.

예정의 고민은 상품을 운반할 때 리스크가 너무 높고, 일꾼들이 목숨을 걸고 일하는 것에 비해 품삯이 너무 적다고 불평하는 것, 사업을 돌봐줘도 자신들에게 별로 이득이 없다고 관아에서 사사건건 트집을 잡는 것 등이었다. 그는 아무리 생각해도 문제를 해결할 수 있는 묘안이 떠오르지 않아 답답하기만 했다. 왜 다른 곳에선 승승

장구했는데 메이현에선 안될까?

어느 날 친구가 문제점을 찾아내고 예정에게 조언했다.

"자네, 돈도 많은데 메이현에 큰길을 내는 게 어떤가? 또 사람들에게 돈을 주고 산길 곳곳에서 산짐승들을 쫓아내게 하게. 당장은 돈이 많이 들지만 훗날 돌아오는 것이 훨씬 많을 걸세."

예정은 친구의 조언대로 사람들을 모아서 산길을 닦고 관아에 찾아가 겸손한 자세로 사업을 잘 봐달라고 부탁했다. 그러자 관아의 태도가 싹 바뀌어 더 이상 예정의 사업을 문제 삼지 않았다. 마을 사람들도 교통이 편리해졌다고 좋아했고, 뒤이어 예정의 사업에도 파란불이 들어왔다.

예정은 몇 년간 메이현에서 경쟁 상대들을 물리치고 죽공예업을 독점했으며 비단을 포함한 여러 항목의 시장도 장악했다. 또한 교통이 편리해진 덕에 메이현도 부유해져 관아의 세수입도 늘어났다. 원래 예정은 혼자만 돈을 버는 장사를 했지만 생각을 바꾸자 본인은 물론 관아와 마을 사람들 모두 돈을 벌어 온 마을이 행복해졌다.

처음에 예정은 현지 사람들에게 무엇이 필요한지 신경 쓰지 않고 자기만 이익을 챙기려고 노력했다. 하지만 자기만 돈을 벌겠다는 못된 심보 때문에 결국 메이현 사람들에게 도움을 받지 못하고 거부당했다. 그런데 자발적으로 메이현에 자본을 투자해서 마을 사람들이 장기적으로 이익을 얻을 수 있는 길을 열어주자 모든 일이 일사천리로 잘 풀렸다.

예정의 이야기는 다른 사람의 이익을 해치고 자기만 돈을 벌려고 해서는 안 되며 모두가 함께 이익을 얻는 것이 중요하다는 교훈을 준다. 자기만 돈을 벌려고 하면 사람들에게 미움받지만 함께 이익을 추구하면 모두에게 환영받는다. '윈윈'은 모두가 발전하는 길이지만 독식은 스스로 돈줄을 막는 결과를 초래한다. 내가 1만 원을 벌면 다른 사람도 5000원을 벌도록 양보해야 한다. 소규모 점포를 운영하든 대기업을 경영하든 주변 사람들과 함께 이익을 추구하는 공동체를 결성하고 화목한 분위기를 창조해서 시장에 이바지해야지, 그렇지 않으면 사업가로서 설 자리를 잃는다.

시장도 얻고 소비자의 마음도 얻는다

사람들이 저마다 자기 이익만 챙기고 투기하면 모두 패배자가 된다. 이익을 독식하려는 목적을 갖고 투자하면 보이지 않는 벽에 부딪힌다. 하지만 '윈윈'의 사상으로 경영하면 시장도 얻고 소비자들의 마음도 얻을 수 있다. 다른 사람, 특히 경쟁상대가 곤경에 처했을 때 매정하게 몽둥이질을 하지 않고 부축해주는 것은 훗날 자신을 위해서 기회를 만드는 것이나 다름없다.

중국 상인이 모두의 이익을 중시하는 것은 전통문화 속에서 덕행을 베풀라고 교육받은 것과도 관계가 있다. 상인이 다른 사람의 이익을 해치고 사리사욕을 챙기면 일시적으로는 뜻을 이룰 수 있지만 결코 장시간 성공적으로 사업을 유지하지 못한다.

요즈음 중국에 투자하는 외국 기업들이 사업을 하기에 앞서 지방정부와 합작해서 해당 지역에 공공시설을 건설하는 것을 많이 볼 수 있다. 이것은 중국에서 '윈윈' 사상이 얼마나 중요한지 충분히 인식하고 제로섬 게임을 포기했다는 뜻이다.

제로섬 게임

제로섬 게임은 한쪽이 이기면 반드시 다른 한쪽이 져서 게임 성적이 항상 '0'이 되는 게임을 가리킨다. 때문에 한쪽이 이익을 보면 다른 한쪽이 반드시 손해를 보고, 승리자의 영광 뒤에는 늘 패배자의 눈물이 뒤따르기 때문에 양쪽이 장시간 좋은 관계를 유지하지 못한다.

지난 세기에 인류는 제로섬 게임의 잔혹한 논리에 휩쓸리는 바람에 두 번이나 세계대전을 치르고 수차례의 세계적인 경제 위기를 겪는 혹독한 대가를 치렀다. 그리고 뒤늦게 '윈윈' 개념을 추구하기 시작했다.

'윈윈'을 추구하면 조화와 인애가 실현되지만 제로섬 게임을 추구하면 발전 없는 싸움질만 반복하게 된다. 가장 착하게 돈을 버는 방법은 자신이 돈을 벌 때 남도 함께 벌게 하는 것인데, 이 원칙을 고수하면 대인관계는 물론 사업의 활로도 넓어진다.

사람의 마음을 정복한다

전국시대 때 각국이 합종연횡을 이루고 진나라에 대적하자 소양왕은 어떻게 하면 이 거대한 위협을 없앨 수 있을까 고민하다가 범휴에게 도움을 청했다. 그러자 범휴는 걱정할 필요 없다며 소양왕에게 다음과 같은 고사를 들려주었다.

"개는 배가 부르면 서로 싸우지 않습니다. 하지만 배고플 때 누가 뼈다귀를 하나 던져주면 좀 전의 평화는 흔적도 없이 사라지고 서로 차지하려고 물고 뜯고 싸우고 난리가 나죠."

그러곤 소양왕에게 돈과 이익으로 각국의 대표들을 유혹해서 합종연횡을 깨뜨리라고 조언했다. 소양왕은 '옳거니' 하고 범휴에게 금자 5천 냥을 주며 합종연횡에 참여한 각국 대표들을 찾아가 성대한 연회를 베풀라고 지시했다. 그러자 뜻밖에도 금자 몇 냥에 내분이 일어나 합종연횡의 계획이 순식간에 무너졌다.

이익을 불공평하게 나누면 격렬한 충동과 어리석은 싸움이 일어나게 마련이다. 설령 그것이 일시적인 이익이고 더 많은 이익을 얻을 수 있는 좋은 방법이 따로 마련돼 있어도 사람들은 결국은 이성을 잃고 싸운다.

이런 문제가 생기는 근본적인 이유는 소통이 부족해서이다. 소통이 부족하면 이익 앞에서 서로 적이 되어 대립하고 경쟁한다. 만약에 각국의 왕과 모사들이 진나라를 무너뜨린 뒤에 이익을 어떻게 나눌 것인지 충분히 상의하고 진나라가 얼마나 큰 파이인지 알았으면 고작 금자 몇 냥에 각자의 길로 흩어지는 일은 일어나지 않았을 것이다.

미국의 저명한 관리학자인 짐 콜린스는 자신의 저서인 《성공하는 기업들의 8가지 습관》에서 "백년대계를 세운 기업은 모두 소통의 고수이다"라고 말했다.

좋은 기업은 경쟁 상대들과도 잘 소통할뿐더러 직원들이 뭘 생각하는지 알고 경영의 '핸들'을 잘 조작한다.

요르마 울릴라 노키아 회장과 한스 베스트베리 에릭슨 회장은 '회장에게 가장 중요한 능력이 무엇이냐'는 언론의 물음에 하나같이 "직원들의 의견을 종합할 수 있는 소통력과 그 의견을 기업경영에 반영할 수 있는 관리력"이라고 대답했다.

중국의 옛말에도 "사람을 만나면 사람 말을 하고 귀신을 만나면 귀신 말을 하라"는 말이 있는데, 이처럼 소통의 중요성은 아무리 강조해도 지나치지 않다.

미스 왕은 어느 광고회사의 부장이다. 최근에 그녀의 회사는 한 방송국과 자동차에 관한 30분짜리 프로그램을 만들기로 계약했다.

회사는 더 나은 프로그램을 제작하기 위해서 새로운 직원도 한 명 뽑았다. 그는 능력이 뛰어나지만 얼굴에 좋고 싫음이 고스란히 드러나는 유형이어서 미스 왕과 의견이 안 맞을 때마다 얼굴을 붉히며 싸웠다.

어느 날 그가 세운 계획을 미스 왕이 수정하자 어김없이 또 싸움이 일어났다. 그러자 미스 왕도 더는 못 참겠다는 듯이 화를 내며 소리쳤다.

"내가 수정한 게 그렇게 아니꼬워요? 이럴 거면 그냥 따로따로 일합시다!"

그날 이후 둘은 서로 말도 하지 않고 지냈다. 그런데 어느 날 그 직원이 미스 왕에게 그날 그녀가 했던 말 중에 '따로따로' 라는 말 때문에 상처를 받았다고 먼저 털어놓았다. 알고 보니 1년 전에 부인과 이혼한 상처가 아직 아물지 않아서 '따로따로' 라는 말에 특히 더 민감하게 반응했던 것이다.

뒤늦게 사연을 안 미스 왕은 황급히 그에게 사과했다. 이후 두 사람은 편견과 오해를 없애기 위해서 서로 많은 의견을 나눴다.

소통으로 대립을 풀 때 가장 중요한 것은 타협이다. 100%의 이익을 독차지하기 위해서 조금도 양보하지 않고 기를 쓰고 상대방과 싸우면 1%의 이익도 얻지 못한다. 하지만 상대방의 입장을 고려하고 한 걸음만 양보하면 90%의 이익을 얻을 수 있다.

소통에 성공한 많은 사례들을 자세히 살펴보면 국가 간, 기업 간, 개인 간에 충돌이 생겼을 때 문제를 해결하고 원만한 결과를 도출하기 위해서 서로 타협한 것을 알 수 있다.

주역과 장자의 서적을 읽어보라. 적당한 타협을 통해서 목적을 실현할 수 있는 무수한 지혜를 발견할 수 있을 것이다.

소통은 적을 친구로 만들고 경쟁을 협력으로 바꾼다. 세상에서 가장 정복하기 어려운 건 부富가 아니라 사람의 마음이다. 세상에서 벌어지는 모든 경쟁은 부를 얻기 위해서 일어나는 것 같지만 실은 사람의 마음을 얻기 위해서 벌어진다.

연금술사의 충고

1. 소통하기 위해선 타협이 필요하다. 타협이란 무조건 양보하는 것이 아니라 마지노선을 정해놓고 서로 협력해서 함께 '윈윈' 하는 것이다.
2. 소통할 땐 상대방의 마지노선을 파악하는 것이 필요하다.
3. 사람은 누구나 선택할 권리를 가졌다. 따라서 타인의 선택을 존중하고 그들과 소통해야 한다.
4. 먼저 다른 사람의 문제를 해결하고 그들의 가치를 존중하면 자신의 문제도 해결하고 스스로 가치를 높일 수 있다.

91

기회가 오면 입을 크게 벌려 공격한다

사람들은 누가 야망을 크게 가지면 욕심이 지나치다고 비웃는데, 사업가는 야망을 크게 가질수록 좋다. 따라서 큰 기회를 잡으면 코끼리를 삼키려는 뱀의 기세로 최대한 자신에게 활력을 불어넣고 에너지를 집중해서 더 높은 목표를 향해 뛰어야 한다.

여불위는 빈손으로 시작해 결혼하기도 전에 이미 조나라의 수도 한단에서 최고의 부자가 되었다. 한단은 거상들의 집결지라서 고가의 상품 거래가 늘 이뤄지는 곳이었다. 그럼 최초의 위험투자자인 여불위는 어떻게 큰돈을 벌었을까?

야사의 기록에 따르면 한단성에 조고라는 상인이 있었다. 10대째 한단에서 장사를 한 집안의 후손인 그는 재산이 어마어마하게 많았고, 포목점도 운영했다. 그는 남쪽 지방의 아낙들이 섬세한 손길로 짠 옷감을 사다가 북쪽 지방의 여러 나라에 팔았는데, 진나라의 왕도 가끔 조고의 포목점에서 옷감을 사갔다.

여불위는 조고처럼 진기한 물건을 팔아서 떼돈을 벌고 싶었다. 그가 생각하는 조고의 포목점의 최대 장점은 좋은 수익성이 아니라 광범위한 판로였다.

그러던 어느 날 마침내 꿈에 그리던 기회가 찾아왔다. 조고가 포목점을 돌보지 않고 경문만 연구하다가 자금을 조달하지 못해 경영에 위기가 찾아온 것이다! 그러자 소식을 들은 많은 사람들이 서로 포목점을 사겠다고 찾아왔다. 조고도 포목점을 팔고 싶었지만 그렇다고 그들이 부르는 헐값에 처분하고 싶지는 않았다. 결국 화가 난 조고는 모든 상인들을 집 밖으로 내쫓고 다시는 한단의 상인들을 만나지 않겠다고 공표했다.

이때 빈털터리 여불위가 조고를 찾아와 "조상님이 물려준 포목점을 헐값에 팔면 죽어서 조상님의 얼굴을 어떻게 볼 것이냐"고 말하고 조고가 서둘러 포목점을 팔려는 것을 말렸다. 조고도 듣고 보니 여불위의 말에 일리가 있었다. 하지만 부족한 자금을 어디서 구한단 말인가?

여불위가 말했다.

"제게 두 달만 포목점을 운영하게 해주십시오. 두 달 뒤에 제가 장사를 잘했으면 애초에 다른 상인들에게 팔려던 값보다 열 배 더 비싸게 제게 포목점을 파시고 장사를 잘 못했으면 다시 다른 방법을 생각해보시는 게 어떨는지요?"

조고는 자신이 별로 손해 볼 것이 없다고 판단하고 여불위와 계약했다. 여불위가 다시 말했다.

"공정하게 하기 위해서 절 포목점의 사장으로 고용한다는 문서를 써주십시오."

조고는 여불위의 말대로 문서를 작성했다.

두 달 뒤에 무일푼의 여불위는 뛰어난 장사수완으로 포목점을 잘 경영해서 다른 상인들보다 열 배나 더 비싼 금액을 치르고 기분 좋게 조고의 포목점을 사들였다. 이는 보잘것없는 개미가 자기 덩치의 몇 천 배나 되는 코끼리를 삼킨 것이나 다름없는 일이었다. 대체 여불위는 단시간에 어떻게 돈을 마련했을까? 야사는 여불위가 포목점의 임시 사장이 된 뒤에 한단에 있는 10여 개 포목점의 자금 상황을 낱낱이 조사하고, 조고의 포목점을 담보로 다른 상인에게 거금을 빌려 조고의 포목점을 샀다고 기록했다.

여불위의 사업 수법과 지금의 위험투자는 서로 비슷한 면이 많다. 똑똑하지만 거금이 없어 고민하는 상인은 여불위의 사례를 참고할 만하다.

뱀이 코끼리를 삼키기는 어렵다. 하지만 세상에 불가능한 일은 없다. 발전하고 싶으면 스스로 자신감과 용기를 북돋우고 과감히 판단해서 절호의 기회가 왔을 때 꽉 잡아라. 리스크와 이익은 정비례하며 기회와 도전, 희망과 어려움은 항상 실과 바늘처럼 붙어 다닌다. 기회 앞에서 우물쭈물 망설이면 결국 모처럼 찾아온 좋은 기회도 잃고 만다.

중국의 옛 상인들은 호시탐탐 코끼리를 삼키려는 뱀처럼 야망을 크게 가졌지만 힘없는 상인들의 살길을 원천적으로 매정하게 차단하지는 않았다. 스스로 좋은 사람이 되어 '인의'의 경쟁을 펼쳤다.

호설암이 쑤저우에 갔을 때 스무 개의 원보를 급하게 교환하려고 영흥성 전장을 찾아갔다. 하지만 영흥성 전장은 호설암의 부강 은표가 신용이 없다고 비웃으며 바꿔주지 않았다. 부강전장을 우습 게 보다니, 화가 단단히 난 호설암은 영흥성 전장을 나온 뒤에 어느 전장이 더 가치 있는지 제대로 보여주겠다고 결심했다.

영흥성 전장은 자본금이 은자 10만 냥밖에 안 된다. 하지만 이익 을 많이 얻기 위해서 자본금보다 두 배나 더 많은 금액의 은표를 발 행했다. 이것은 영흥성 전장의 숨은 뇌관이나 마찬가지였다. 호설 암은 영흥성 전장의 자본금보다 더 많은 돈을 영흥성 전장의 은표 로 바꿔서 관부에 주고, 관부가 이를 다시 영흥성 전장에서 일시에 현금으로 바꾸면 흔적도 없이 간단하게 영흥성 전장을 파산시킬 수 있었다.

하지만 호설암은 화를 누그러뜨리고 영흥성 전장을 혼내기로 한 것을 그만뒀다. 본인은 물론 남에게도 해가 되는 일을 해서는 안 되 고, 또 하기도 싫었다. 일개 못난 전장의 주인을 괴롭혀봤자 의롭지 못하다는 오명밖에 더 남는가?

이처럼 옛 상인들은 의를 행하고 덕을 베풀며 약자를 괴롭히지 않는 것을 미덕으로 여겼다. 또한 도에 어긋나지 않을 때 비로소 시 장을 과감하게 개척해서 큰돈을 벌었다.

지금의 상황도 크게 다르지 않다. 중국 서북부에서 선반을 만드 는 어떤 중국 기업은 외국 기업과 합작을 준비하다가 하마터면 경 영권을 빼앗길 뻔했다. 그러자 이 회사는 전략을 180도 바꿔 자신 들이 적극적으로 외국 기업을 인수하기 시작했고, 인수한 기업의 인지도를 이용하고 시장을 개척해서 간신히 기사회생했다.

옛말에 "사람의 욕심은 끝이 없어 코끼리를 삼키면 달도 삼키고 싶어 한다"고 했고, 또 "복을 누릴 땐 복을 모른다"고 했다. 장사가 잘 되는 상인은 어려움에 처한 상인들에게 쓸데없이 힘자랑을 해선 안 된다. 장사가 잘 되는 것에 감사하고 다른 상인들도 함께 잘 살 수 있게 도와야 한다.

연금술사의 충고

1. 뱀이 코끼리를 삼키려면 기회가 왔을 때 무섭게 입을 벌리고 공격해야 한다. 어쩌면 상대는 덩치만 큰 '종이 코끼리'일 수도 있다.

2. 약자를 괴롭히는 것을 부끄럽게 여겨라. 돈이 탐나도 결코 어려운 처지에 있는 사람의 숨통을 끊어선 안 된다. 이들에게 마지막 살길을 열어주는 것은 자신에게 재물 운을 터주는 것이나 다름없다.

남의 꽁무니를 따라다니지 않는다

    도주공 범려는 그 옛날에 '치이자피鴟夷子皮'라는 상표를 만들었다. 2500여 년의 역사를 이어온 '치이자피'는 중국, 나아가 전 세계에서 가장 유구한 역사와 가치를 지닌 상표요, 상업 역사의 시초이다.

    예전에 중국에 면사 방직 붐이 일었을 때 상당한 수준의 방직기술을 보유한 후난의 한 농장은 기존에 하던 사업을 과감하게 그만두고 항균 섬유유연제 생산으로 전향했다. 남들이 하나둘 방직 시장에 발을 담그면 한정된 시장을 놓고 싸울 것이 분명한데, 그럴 바에는 틈새시장을 노리는 것이 낫지 않은가? 그래서 농장은 섬유유연제 시장을 공략했고, 긴 안목과 창조정신을 가진 덕에 중국 시장을 독차지하고 해외에 명성을 떨쳤다.

    리자청의 둘째 아들인 리저카이는 아버지의 사업을 물려받지 않고 혼자 자신만의 세상을 만들었다. 서른 살 때 이미 두각을 나타내며 수백억대의 자산을 모아 사람들에게 '작은 슈퍼맨'이라고 불린 그는 늘 창의력이 넘치고 남보다 한발 앞서 새로운 것에 도전하는 것을 좋아한다.

리저카이는 어릴 때부터 쉬지 않고 노력하고 독립적으로 일하는 성격을 키웠다. 1987년에 미국에서 대학을 졸업한 그는 아버지의 회사에 들어갈 것이라는 사람들의 예상을 깨고 캐나다의 투자회사에 취직했다. 하지만 일이 뜻대로 잘 풀리지 않자 홍콩으로 돌아가 위성 TV 개발에 뛰어들었고, 다행히 이 사업이 성공해서 거금을 손에 쥐었다.

처음에 리저카이가 위성 TV 사업을 시작할 무렵에는 오랜 역사를 가진 두 곳의 위성 TV 업체가 이미 홍콩 시장을 장악하고 있었으므로 사람들은 절대 성공하지 못할 것이라고 장담했다. 리저카이 전에도 다른 방송사들이 위성 TV 시장에 도전했지만 채 3년도 되기 전에 모두 백기를 들었다. 하지만 이것은 그저 그들이 실패한 것일 뿐, 리저카이는 남들이 실패한 것에 개의치 않고 기회가 수두룩한 위성 TV 시장에서 자신의 꿈을 마음껏 펼쳤다.

1990년에 리저카이는 위성 TV 사업에 4억 달러를 투자하고 그해 12월에 정식으로 영업을 시작했다. 이듬해 4월에는 시험방송을 시작했는데, 그 뒤로 딱 2년 만에 씨티은행, 케세이퍼시픽항공, 페레그린증권 등 세계적인 기업들의 광고를 줄줄이 따냈다. 리저카이는 위성 TV 사업이 안정궤도에 오르자 방송국을 미국의 언론재벌인 머독에게 팔아 홍콩 달러로 4억을 벌었다.

이후 리저카이는 홍콩 과학기술산업의 일인자가 되기 위해서 홍콩판 실리콘밸리인 사이버포트를 만들기로 결심했다. 당시에 홍콩은 심각한 금융 위기로 몸살을 앓고 있던 시기여서 정부에 사업신청서를 내도 냉담한 반응만 돌아왔다. 하지만 리저카이는 대형투자사의 도움을 수차례 받고 몇 백만 달러를 들여서 보고서를 작성한 뒤에 계속해서 홍콩 정부에 보냈다.

결국 리저카이의 노력은 홍콩 정부를 감동시켰다. 1999년 3월에 리저카이는 마침내 사이버포트의 개발권을 얻고 130억 달러를 지원받았으며, 이 사업을 통해 총 37억 달러를 벌었다.

리저카이가 성공한 비결은 틈새시장을 공략한 데 있다. 틈새시장을 공략하면 유력한 경쟁상대가 없어서 누구나 쉽게 경쟁력을 확보하고 시장을 선점할 수 있다.

상인이 추구할 수 있는 가장 높은 목표는 한 분야를 장악해서 화수분처럼 이익을 끝없이 얻는 것이다. 시장을 장악하기 위해선 끝없이 새로운 것을 창조하고 트렌드를 주도해야 한다.

창조는 최초에 도전하는 것이요, 사람들의 발길이 미처 닿지 않은 처녀지를 개발하고 유일무이한 존재가 되어 시장을 통제하는 것이다.

판매자들의 경쟁이 치열할 땐 독보적인 상품으로 틈새시장을 공략해 재물의 문을 여는 것이 가장 좋은 경영방법이다.

연금술사의 충고

1. 앞에 가는 개미를 생각 없이 졸졸 따라가는 개미가 되지 않는다.
2. 자신의 본능과 경험과 습관만 고집하지 않고 보수적인 사고의 틀에서 벗어난다.
3. 새로운 것을 창조하는 사람은 신흥시장의 법칙을 새로 만든다.
4. 새로운 것을 창조해야 하는 이유는 경쟁상대를 무너뜨리기 위해서가 아니라 지속적인 이익을 창출하기 위해서이다.

어리석은 경쟁은 피한다

"다투고 싶은 마음이 없어 천하의 어느 누구와도 다투지 않는다."

이는 노자의 말이다. 이 말을 대입해보면 경쟁을 피해서 싸우지 않고 이기는 것이 바로 가장 똑똑하게 경쟁하는 방법이라는 것을 알 수 있다.

범려는 월나라의 왕인 구천을 도와 오나라를 멸망시킨 뒤에 정치에서 물러나 상인이 되었다. 새롭게 상인으로서 삶을 시작한 범려는 몇 차례에 걸쳐 사업으로 번 돈을 모두 가난한 사람들에게 나눠주고도 억만금의 재산을 모았다. 그의 경영 이념은 남들과 같은 길을 걸으며 밥그릇 싸움을 하지 않는 것이었다. 이때 중원은 한창 전쟁 중이어서 식량이 귀하고 비쌌던지라 많은 상인들이 식량을 사고파는 것을 돈벌이 수단으로 삼았다. 하지만 범려는 어민들과 손잡고 잉어를 키워서 큰 수익을 거뒀다.

범려는 잉어는 서로 잡아먹지 않아 키우기 쉽고 또 귀해서 농사를 짓거나 가축을 키우는 것보다 낫다고 말했다. 또한 잉어를 이용해서 탕추리위라는 요리도 만들었는데, 탕추리위는 지금도 많은 미식가들이 일미로 뽑는 요리이다.

만약에 범려가 목축업을 했더라도 역시 번뜩이는 지혜로 경쟁 상대들을 물리치고 성공했을 것이다. 하지만 그는 농민들에게 칼날을 겨누지 않고 새로운 사업을 창조했고 그 때문에 역사에 길이 남는 훌륭한 상인이 되었다.

강하게 펀치를 날리려면 먼저 주먹을 움켜쥐어야 하고, 활을 멀리 쏘려면 있는 힘껏 팔에 힘을 줘야 한다. 세상의 모든 일에는 양면이 존재하므로 충돌하지 않고 이상적으로 처리하려는 노력이 필요하다.

큰 도를 실현하려면 싸우지 않고 힘을 모아야 하고, 옛것을 버리고 새로운 사물을 발전시켜야 한다. '목마른 사람이 우물을 판다' 는 속담이 있는데, 물을 마시려고 십 리 밖까지 늘어진 줄의 맨 뒤에 가서 서느니, 스스로 우물을 파는 것이 낫지 않은가?

싸우지 않고 이기는 것은 모든 이익을 포기하는 것이 아니라 사물이 처한 상황을 바로 알고 흐름을 분석해서 목적을 달성하는 것이다. 예를 들어 날마다 벽돌을 운반해서 팔아야 한다고 해보자. 당신은 어떤 방법을 사용할 것인가?

이때 사람들은 대부분 손으로 일일이 운반하는 방법을 택한다. 그러다가 돈이 조금 모이면 수레를 사서 느리지만 한 번에 많은 양을 실어 나르고, 형편이 제법 넉넉해지면 경운기를 사서 많은 양을 빠르게 옮긴다. 여기까지는 벽돌을 파는 것도 문제지만 옮기는 것이 더 큰 문제이다. 하지만 돈이 많아지면 일꾼들에게 벽돌을 나르라고 시킨 뒤에 본인은 시장에 가서 벽돌을 필요로 하는 곳이 있는지 알아보고 직접 구입처를 찾게 된다.

직접 손으로 벽돌을 나르다가 수레를 사서 나르고, 다시 경운기를 사서 나르고, 일꾼을 고용해서 나르는 것은 기업이 발전하는 과정과 같다. 사람을 잘 부리는 것은 곧 기업을 잘 경영하는 것이라서 일꾼을 잘 쓰면 본인이 직접 흙먼지를 날리며 벽돌을 나르지 않아도 벽돌을 모두 나르고 시장에 팔 수 있다.

안타깝게도 많은 기업들은 마치 경쟁이 시장 점유율을 유지하고 확대시킬 수 있는 유일한 방법인 것처럼 라이벌들과의 경쟁에 필요 이상의 힘을 쏟는다. 하지만 경쟁의 핵심은 상대방과 싸우는 것이 아니라 자신과 싸워서 스스로 실력을 높이는 데 있다.

어떤 기업들은 다른 기업을 공격하고 손해를 입혀서 이익을 얻는다. 하지만 경제력이나 기술력, 효율적인 판매망이 확보되지 않은 상태에서 공격적으로 경쟁을 하게 되면 서로 잘 먹고 잘 사는 '윈윈' 효과는 아지랑이처럼 사라지고 '너 죽고 나만 살자'는 참혹한 결과만 남는다. 실제로 독점적인 경쟁력을 갖추지 않은 기업들은 막강한 기업들의 경쟁에 이리 치이고 저리 치여서 사업의 날개가 부러지고 깊은 상처를 입는다.

싸우지 않고 이기는 '윈윈' 정신을 버리고 약육강식이 지배하는 서양의 '정글 법칙'을 맹목적으로 따라했다간 악성 경쟁의 진흙탕에 빠지게 된다. 면화, 수박, 컬러텔레비전, 에어컨 등 여러 품목의 경쟁에서 기업 간에 상표를 베끼고 덤핑 판매하고 경쟁업체의 이미지를 훼손하는 등 서로 유리한 위치를 차지하기 위해 불공정한 경쟁수단이 판을 치면 잠재력 있는 기업들은 소리 소문 없이 사라질 수밖에 없다. 이렇게 악성 경쟁은 경제의 체력을 약화시켜 성장잠재력을 떨어뜨리며, 이 과정에서 자금이 풍부하지 않은 기업은 한두 번의 공격으로도 재기 불능 상태에 빠지게 될 수 있다.

옛날부터 지금까지 상업계에서 벌어진 무수한 '전쟁'을 통해서 얻을 수 있는 교훈은 일단 경쟁을 피하는 것이 상책이라는 것이다. 한 곳에 물고기가 너무 많이 모여 살면 수질이 나빠지고 먹이 구하기도 어려운데, 먹이도 제대로 못 먹고 사느니 깨끗한 물을 찾아 떠나는 것이 낫지 않은가? 용의 꼬리보다 뱀의 머리가 훨씬 매력적이지 않은가! 용의 꼬리는 이익이 적은 데 비해 위험 요소가 너무 많다.

중국 문화는 '부쟁不爭'과 '불취不取'를 숭상한다. '부쟁'을 추구하면 기존의 시장에 휩쓸리거나 얽매이지 않고 라이벌과 정면 승부해야만 한다는 편협한 생각에서 벗어나 긴 안목으로 시장의 규칙을 파악할 수 있다. 또한 소비자의 수요를 연구하고 독보적인 사업을 개발해서 여유롭게 키울 수 있다.

다시 말해서 경쟁을 피하고 시장의 빈틈을 찾아 독창적인 분야를 개척하면 새로운 시장을 빠르게 선점할 수 있다.

연금술사의 충고

1. 시장의 빈틈을 찾아 새로운 시장을 창조하면 잔혹한 경쟁을 하지 않아도 된다.
2. 생각이 부를 결정한다. 변화의 규칙을 배우면 사업이 어려워지는 막다른 골목에 접어들지 않는다.
3. 적과 친구가 되는 유일한 방법은 최대한 직접적으로 이익이 충돌하지 않도록 하는 것이다.
4. 무조건 싸우지 말라는 것이 아니라 막무가내로 어리석게 싸우지 말라는 것이다. 공격적으로 경쟁하지 않으면 아무도 손해 보지 않는다.

오직 자기 자신만 적으로 삼는다

옛날에 어떤 수재가 과거시험을 보러 베이징에 왔다. 일단 여관에 짐을 푼 그는 그날 밤 꿈을 세 번이나 꿨다. 첫 번째는 자신이 담벼락에 배추를 심는 꿈이었고, 두 번째는 비가 오는데 삿갓과 우산을 동시에 쓰는 꿈이었고, 세 번째는 사촌 여동생과 벌거벗고 침대에 누워 있는 꿈이었다.

수재는 연거푸 이상한 꿈을 꾸고 머리가 복잡해지자 점쟁이를 찾아가 해몽을 부탁했다. 꿈 얘기를 들은 점쟁이가 말했다.

"시험 보지 말고 그냥 돌아가. 담벼락에 배추를 심었으니 쓸데없는 짓을 한 거고, 삿갓과 우산을 둘 다 썼으니 이 역시 쓸데없는 짓이로다. 사촌 여동생과 벌거벗고 그랬다니 볼 일 다 봤구먼."

수재는 크게 실망하고 여관으로 돌아와 짐을 꾸렸다. 주인장이 무슨 일이기에 풀이 죽었냐고 묻자 수재는 점쟁이의 말을 토씨 하나 안 틀리고 들려줬다. 그러자 주인장은 크게 웃으며 말했다.

"나도 꿈 해몽에 일가견이 있는데, 그 점쟁이 말은 엉터리이니 믿지 말게. 담벼락에 배추를 심으면 배추가 담벼락에 꼭 붙어 있지 않나? 이건 과거시험에 떡하니 붙는다는 뜻이야. 삿갓과 우산을 동시에 쓴 건 시험에 충분히 대비했으니 걱정할 필요가 없다는 뜻이고. 마지막으로 자네 사촌 여동생과 그런 건 이제 자네 인생을 바꿀 때가 됐다는 뜻이네. 자네, 빨리 짐 풀고 과거시험이나 보러 가게. 이번에 틀림없이 붙을 거야!"

수재는 정신을 가다듬은 뒤에 시험장으로 향했고, 여관 주인의 말대로 과거에 합격했다. 점쟁이의 말에 현혹되지 않은 결과였다.

온갖 풍상을 겪고도 여전히 침착하게 자신의 길을 걷고, 과거에 비해 조금이라도 발전한 사람은 승리자이므로 다른 사람이 내뱉은 의미 없는 말에 흔들릴 필요가 없다. 가장 좋은 전략은 스스로 자신을 존중하고 날마다 어제의 나와 오늘의 나를 비교하며 꾸준히 노력하고 발전하는 것이다.

남과 자신을 비교하기 시작하면 비교 대상이 점점 많아져서 힘들지만, 남과 비교하지 않으면 적은 오직 자기 자신뿐이다. 어제의 자신을 뛰어넘기만 하면 승리할 수 있는 것이다. 이것이 남과 싸우지 않고 자신과의 싸움에서 이겨 날마다 한 단계 두 단계씩 발전하는 '거북이 정신'이다.

토끼와 거북이의 경주에서 거북이가 이긴 진짜 이유가 뭘까? 거북이는 결코 토끼와 겨뤄서 이길 수 없다. 하지만 토끼가 거북이를 우습게보고 게으름을 피울 때 거북이는 자기 자신과 싸우며 쉬지 않고 열심히 기어가서 발 빠른 토끼를 이겼다. 경쟁은 강한 사람이 항상 이기는 게임이 아니다. 중요한 것은 어제보다 오늘을 누가 더 성실하게 살고 발전했느냐이다.

광다 컴퓨터는 타이완의 컴퓨터 업체 중에 가장 늦게 중국 대륙에 투자했다. 2001년에 광다 컴퓨터가 중국에서 해외로 수출한 금액은 총 2억 달러인데, 이는 2000년도에 비해 아홉 배나 성장한 수치다. 기업 순위표 발표에서 광다 그룹의 계열사인 다펑과 다공이 전자업체 순위에서 나란히 2위와 4위를 차지하는 쾌거도 이뤘다.

린바이리 회장은 광다 컴퓨터가 빠르게 발전하는 이유에 대해서 "자기 자신과 비교하는 거북이 정신 때문"이라고 말했다. 그는 직원들에게 거북이처럼 앞을 향해서 겸손하고 꾸준하게 나아가라고 주문한다. 이렇게 하면 조금 더디게 발전해도 실수를 면할 수 있다.

늘 주변 사람들의 눈치를 살피면 자신감을 잃고 그들의 페이스에 쉽게 말려든다. 하지만 자기 자신만 신경 쓰면 자신의 위치에서 능력을 충분히 발휘하고 실력을 차곡차곡 쌓을 수 있다.

1. 자신감을 가지면 신념을 잃지 않는다. 경쟁은 자신을 버리고 다른 사람의 기준에 맞추는 것이 아니다.
2. 자기 자신을 알라. 내 인생의 좌표는 바로 나 자신이다.
3. 늘어지게 낮잠을 자는 토끼가 되지 말고 느려도 꾸준히 기어가는 거북이가 되라.
4. 어제의 자신을 뛰어넘으면 경쟁상대를 모두 물리친 것이나 다름없다.

존중이 없으면 승리도 없다

　유비가 조조에게 쫓기는 중에도 백성들을 버리지 않고 끝까지 데리고 가자 부하가 말했다.

　"이렇게 백성들을 우르르 끌고 다니시면 행군 속도도 느려지고, 백성들도 제대로 보호할 수 없습니다. 만에 하나 조조의 병사들에게 잡히기라도 하면 큰일입니다. 차라리 백성들을 버리십시오."

　유비가 엄숙하게 말했다.

　"큰일을 하려는 사람은 반드시 사람을 근본으로 삼아야 한다. 백성들이 날 의지하고 따르는데 내가 어찌 그들을 버릴 수 있느냐? 다시는 그런 말을 하지 말라."

　유비는 반평생 전국을 전전하며 무수하게 실패를 거듭했지만 우수한 인재가 끊이지 않고 그를 찾아왔다. 그 이유는 유비가 사람을 근본으로 여기는 인물이었기 때문이다. 사람을 근본으로 여기는 사상, 즉 '이인위본以人爲本' 사상은 인재를 중시하고 평범한 사람들의 권리도 존중한다.

현대의 관리회계 측면에서 '이인위본' 사상을 본다면 사람들의 요구에 맞춰 일을 처리하는 것이다. 따라서 기업가는 직원들을 인성적으로 관리하는 동시에 직원들의 요구를 존중하고 조직 구조를 사람 위주로 짜야 하고, 직원은 기업가의 노력에 부응해서 창의력을 개발하고 능력을 최대한 발휘해야 한다.

호설암은 수십 년간 돈을 만지며 장사했는데, 실은 사람을 경영했다고 할 수 있다. 그는 왕유령, 좌종당 같은 관리와 동료와 고객을 속이지 않고 진실하게 대했고, 죽을 때까지 한결같은 마음으로 사람을 근본으로 여겼다. 그래서 말년에 사업이 망했을 때도 제 몫을 챙겨 도망가지 않고 끝까지 빚을 갚고 숨을 거뒀다.

'이인위본'은 사람을 근본으로 여기지만, 그렇다고 '나'를 중심으로 여기는 것은 아니다. '나'를 근본으로 여기면 욕망을 근본으로 삼는 결과가 초래된다. '사람'은 이상이요, 목표이므로 최대한 건강하고 착한 사람을 추구해야 한다.

류한밍 순징인스 그룹 사장은 1987년 당시만 해도 일개 보조 요리사였다. 그는 순더 주점의 한 분점에서 4년간 거의 안 해본 일 없이 일한 뒤, 본인의 음식점인 순징을 차리고 실력 있는 요리사들이 일하기에 더없이 좋은 곳으로 키워냈다.

류한밍 사장이 처음 차린 순징은 좌석이 300개가 채 안 되는 규모가 비교적 작은 음식점이었다. 그는 인근 주민들의 소비능력과 수요를 철저히 파악하여 싸고 맛있는 맞춤형 요리인 '고갱이 닭 내장 볶음'을 개발해 손님들의 입맛을 빠르게 사로잡았다. 이후 류한밍 사장은 2년 만에 체인점을 세 곳으로 확장하고 언제나 순징의 음식이 최고라는 경영이념을 확고히 세웠다. 2005년엔 광저우 시가 수여한 '최고 위생상'을 받기도 했다.

류한밍 사장이 말했다.

"기업의 '기企' 자를 보면 사람人이 있어요. 이건 기업이 사람을 근본으로 여겨야 한다는 뜻이죠. 인재 없이는 기업도 존재할 수 없어요."

류한밍 사장은 직원들을 형제자매처럼 대하고 직원들과 함께 공부한다. 또한 사람 냄새가 물씬 나는 좋은 사람이기도 하다. 어느 해 초에 직원 한 명이 일하다 부상을 당하자 병원 접수는 물론 병원비도 내주고 직접 간호까지 했다. 훗날 부상을 당했던 그 직원은 "다시는 류한밍 사장같이 좋은 분을 만날 수 없을 것"이라고 말하며 당시의 감격을 떠올렸다.

상인의 도리는 곧 사람의 도리이고, 사람의 도리는 '이인위본'이므로 항상 돈보다 사람을 먼저 생각해야 한다.

장사를 하려면 부를 욕심내기 전에 먼저 사람들과 친구가 되어야 한다. 부는 사람의 손에서 창조된다. 따라서 장사를 하고 싶은 사람은 먼저 좋은 사람이 되어야 하고, 좋은 사람이 되려면 진솔하고 신용을 지켜야 한다. 거짓투성이에다 약속마저 안 지키는 사람은 상인으로서 자격이 없다.

오경 중에 으뜸인 《주역》도 전편을 통해서 '부(孚, 믿음)'와 '덕(德, 덕)'이라는 말을 자주 쓰며 신용을 높이 평가했다. 진실하지 않으면 모든 일이 얽히고설키며 신용을 지키지 않으면 어떤 일도 할 수 없다. 신용이야말로 사람됨의 근본이요, '이인위본'의 기초이다.

맹자는 "진실한 것은 하늘의 도이고, 진실하려고 노력하는 것은 사람의 도이다"라고 말했다.

장사는 일상생활과 밀접하게 관련돼 있으므로 반드시 사람들의 마음을 이해하고 책임감을 갖고 정직하게 돈을 벌어야 한다. 사람됨과 장사는 서로 원인과 결과가 된다.

그 사람이 장사를 얼마나 잘하느냐는 그 사람의 됨됨이를 보면 알 수 있고, 사람의 됨됨이는 일을 처리하는 것을 보면 알 수 있다. 겸손하고 자기 원칙이 확실해서 쉽게 주관을 바꾸지 않는 사람은 장기적인 안목을 갖고 장사를 안정적으로 발전시킬 가능성이 높다.

성공한 사업가는 모두 성실함과 정직함을 원칙으로 하는 성공적인 마인드를 가졌다. 도덕규범을 강조하는 유교문화에서는 이윤의 극대화를 추구하되 이치에 맞는 '따뜻한' 이익을 추구하는 것이 더욱 요구된다.

연금술사의 충고

1. 사람들의 요구를 중시하고 돈보다 사람을 먼저 생각하면 금고가 자연스레 채워진다.
2. '이인위본'은 탐욕적인 자본의 본질을 따르지 않고 사람의 입장에서 돈을 사용하는 것이다.
3. '이인위본'은 사람을 존중하고 더 많은 기회를 창조한다.
4. 존중이 없으면 협력도 없고, 협력이 없으면 승리도 없다.

자기 자신부터 다스린다

《예기禮記 · 대학大學》에 "나라를 다스리려면 먼저 가정을 다스리고, 가정을 다스리려면 먼저 자기 자신부터 다스려라. 자신을 수양해야 가정을 바르게 할 수 있고, 가정을 바르게 해야 나라를 바르게 다스릴 수 있다"는 말이 나온다.

동한 사람인 진번은 스스로 자신이 큰일을 할 사람이라고 생각했다. 하지만 집이 돼지우리같이 더러워서 아무도 그의 집을 방문하려 하지 않았다. 보다 못해 친한 친구인 벽근이 말했다.

"집안 꼴이 이게 뭔가? 청소 좀 하게."

진번이 거만하게 대답했다.

"천하를 거느릴 사내대장부가 어찌 천하게 청소를 하는가."

벽근이 말했다.

"자기 집도 깨끗하게 청소하지 않는 사람이 무슨 천하를 다스리겠다고 난리인가."

114

진번은 곰곰이 생각하다가 친구의 말이 일리가 있다고 생각하고 조용히 청소를 시작했다.

장사를 하려면 먼저 좋은 사람이 되어야 하고, 좋은 사람이 되려면 먼저 집안을 '청소' 해야 한다. 다시 말해서 자기 집부터 정리한 뒤에 인격을 닦고 지식을 쌓고 좋은 습관을 키우고, 그 뒤에 학문이건 정치건 사업이건 천하를 다스릴 꿈을 키워야 한다.

좋은 사람이 되는 첫 번째 단계는 자기 수양이다. 자기 수양은 스스로 자신에게 엄격하고 자신의 문제점을 고쳐서 보다 완벽해지는 것을 가리킨다. 그렇다면 어떻게 하면 인맥을 넓히고 좋은 사람들과 친구가 될 수 있을까? 이를 위해선 먼저 자신의 인격과 능력을 일정한 수준으로 높여야 한다.

중국 사람들이 생각하는 최고의 인생 가치관은 수신修身, 제가齊家, 치국治國, 평천하平天下이다. 이 네 가지 일을 모두 하면 죽어도 여한이 없다고 생각한다. 이 중에 수신이 첫 번째인 것은 자신을 다스리는 것이 모든 일의 기본이요, 핵심이기 때문이다.

수신은 인격을 완벽하게 만들고 삶의 수준을 높이는 극기복례이다. 수신의 본질은 군자가 되기 위해서 내면의 나쁜 욕망을 억제하고 예의 바르게 행동하는 데 있다. 다시 말해서 이익을 추구하되 군자처럼 추구하는 것이다.

자신을 극복한 사람은 돈으로 나쁜 짓을 하지 않고 마음 내키는 대로 행동하지 않는다. 또한 훌륭한 인격을 가진 덕에 사업이 순조롭게 풀린다.

중국인 사업가 천성췬은 80년대에 한국과 일본에서 옷을 싸게 사들인 뒤에 비싸게 팔아서 떼돈을 벌었다. 뒤이어 전자제품이 유행하자 다시 발 빠르게 움직여 백만장자가 되었다. 그러자 사람이 변하기 시작했다. 그는 자신이 세상에서 가장 똑똑하고 생각만 하면 뭐든지 이룰 수 있다고 자만했다. 이후 주식 투자자로 변신한 천성췬은 고의로 주가를 올렸다 떨어뜨렸다 하며 개인 투자자들의 눈물을 쏙 빼서 시세 차익을 챙겼고, 금세 상하이에서 제일가는 트레이더가 되었다. 하지만 고수는 고수가 알아본다고 했던가! 늘 뻔한 패를 돌렸던 천성췬은 홍콩의 고수에게 자신도 거꾸로 당해 전 재산을 모두 잃는 것도 모자라 수억 원의 빚을 지고 감옥에 갔다.

천성췬이 감옥에 간 뒤에 알려진 사실인데, 그는 어릴 때부터 부당한 이익을 챙기는 버릇이 있었다고 한다. 하지만 아무도 그를 바르게 교육시키지 않아 결국 이런 비극이 벌어졌다.

사람들은 인격을 바르게 닦아야 한다고 입버릇처럼 말하지만 실상은 마음 내키는 대로 굴다가 문제가 생기면 그때서야 후회한다.

사소한 것만 봐도 그 사람의 인격과 교양을 알 수 있다고 했다. 따라서 고객에게 사랑을 받고 이점을 얻으려면 사소한 일이라도 고객의 기대를 만족시키고 이치에 맞게 처리해야 한다.

연금술사의 충고

1. 자기 집도 청소하지 않는 사람이 과연 천하를 다스릴 수 있을까? 수신의 중요성을 결코 무시하지 말라.
2. 자신에게 엄격해야 남에게도 엄격하게 요구할 수 있다. 이미지가 안 좋은 사람은 다른 사람에게 아무것도 요구할 수 없다.
3. 좋은 사람이 되는 것과 일을 잘 처리하는 것은 밀접한 관계가 있다. 평소에 좋은 사람이어야 일도 순조롭게 풀린다.
4. 언제나 다른 사람이 대화를 나누고 만나고 싶어 하는 사람이 되라.

다른 사람에게 끌려다니지 않는다

어느 날 자공이 상인 몇 사람과 함께 북쪽 지방에 나무를 사러 갔다. 그런데 막 국경을 지날 때 지나가는 사람들이 말하길 연나라의 기병들이 산에 불을 질러서 우람한 나무들이 모두 탔다고 하지 않는가! 그러자 자공과 동행했던 상인들이 탄식하며 말했다.

"아이고, 보나마나 나무 값이 폭등했을 텐데 이 노릇을 어쩌면 좋나."

하지만 자공의 생각은 달랐다.

"연나라는 북쪽 지방에 있어서 산 싸움에 능한데 나무를 태울 리가 있나? 생각해보게. 자네 같으면 스스로 군사 장벽 역할을 하는 숲을 태우겠나?"

자공은 행인들의 말을 거짓 소문이라고 판단하고 계획대로 나무를 사러 갔다. 연나라에 가보니 과연 자공의 예측대로 아무 일도 일어나지 않았다. 나무 값도 폭등하기는커녕 예년보다 더 싸게 팔고 있었는데, 알고 보니 제나라의 어떤 상인이 다른 상인들과의 경쟁을 피하고 나무의 도매가를 떨어뜨리려고 일부러 사람들을 시켜서 거짓 소문을 퍼뜨리고 다녔던 것이다.

독립적인 사고와 정확한 판단력은 '황금'을 캐는 중요한 요소이다. 판단력이 떨어지면 사람들을 대할 때나 일할 때 상대방에게 속거나 잘못된 결정을 내려 자신이나 회사에 거대한 손실을 입힐 수도 있다.

경쟁이 치열할 때 주변 요소에 흔들리지 않고 자기 의지대로 선택하기는 쉽지 않다. 하지만 지나치게 책을 참고하거나 권력에 의지해서 자신의 창의력을 다른 사람의 기준에 옭아매면 고집스럽고 융통성 없는 바보가 되고 만다.

사람들과 어울릴 때 맹목적으로 권력을 따르지 않고 뚜렷한 주관을 세우고 자신만의 매력을 발산한다면 장점이 더 부각돼 성공의 기회를 잡을 수 있다.

아리스토텔레스가 말했다.

"나는 플라톤을 사랑하지만 진리를 더 사랑한다."

주관이 확실한 사람은 권위에 과감히 도전하고 다른 사람의 의견에 끌려 다니지 않는다. 또한 자기 고유의 스타일로 사람들을 대하고 일을 처리해서 사람들에게 깊은 인상을 남긴다.

투자할 때 뚜렷한 주관은 더더욱 빛을 발해 투자자들을 성공 투자의 길로 안내한다. 분석은 뒷전으로 미룬 채 초특급 루머를 좇거나 전문가의 의견만 따르다간 주식 시장에서 매장되기 쉽다.

피터 린치가 말했다.

"월스트리트 전문가들의 분석을 듣는 것보다 낮잠을 자는 것이 더 가치 있다."

자기 주관 없이 남의 의견에 끌려 다니면 줏대 없는 불쌍한 사람이 된다. 재물의 신은 결코 줏대 없는 사람을 보살피지 않고 앞으로 쏠 화살을 손에 쥐고 있는 사람에게 승리의 화환을 넘겨준다.

연금술사의 충고

1. 다른 사람의 그림자가 되지 않고 자기 본연의 모습으로 당당하게 산다.
2. 자신감을 잃으면 남의 말을 쉽게 믿게 되고, 자아를 잃으면 다른 사람에게 버림받는다.
3. 혼자 분석하고 연구하는 성격을 키워 현명한 사람이 된다.
4. 사람들에게 환영 받기 위해선 기본적으로 뚜렷한 주관과 독특한 매력이 있어야 한다.

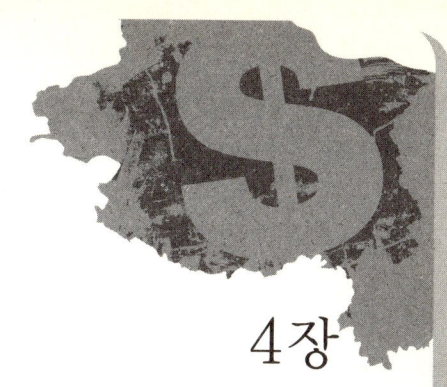

4장

사람을 다루는 기술

《손자병법》은 "장군과 병사가 하나가 되면 승리한다"고 말했다. 어떤
일을 성사시키려면 시기와 장소도 좋아야 하지만 가장 중요한 것은
구성원 간의 화합이다. 사람을 근본으로 여기는 중국 상인들은 인재
를 존중하고 가장 적합한 방법으로 관리해서 화합을 실현한다.
송나라의 대학자인 주희도 "중용은 모든 일에 부합한다"고 말했다.
매사에 합리적인 것이 중용의 도요, 모든 것을 아울러 고려하는 것이
'중中'이다.

권력이 아니라 영향력 있는 리더십으로

《손자병법》에서는 "장군과 병사가 하나가 되면 승리한다"고 말한다. 어떤 일을 성사시키려면 시기와 장소도 좋아야 하지만 가장 중요한 것은 구성원 간의 화합이다. 사람을 근본으로 여기는 중국 상인들은 인재를 존중하고 가장 적합한 방법으로 관리해서 화합을 실현한다.

사업의 성패는 훌륭한 자원을 어떻게 조합하느냐에 달려 있다. 자금, 인재, 고객, 소비자, 정부 감독자는 서로 밀접한 관계를 이루고 공생한다. 기업이 왕성한 생명력을 유지하고 시장에서 승자가 되려면 기업의 방대한 시스템을 운영할 뛰어난 관리방법이 필요한데, 지금껏 시장에서 승리한 기업들은 모두 경영과 관리에 능했다.

니우건성 멍니우 그룹 회장의 가장 위대한 성과는 직원들을 사랑한 것이다. 그의 특유의 친화력은 천여 명의 이리 그룹 임직원이 멍니우로 자리를 옮기게 만들었다. 높은 연봉을 제시하지 않고 개인의 매력과 카리스마로 인재를 유치한 것은 좀처럼 찾아볼 수 없는 광경이다. 니우건성 회장은 기업가로서 가장 훌륭한 면모를 보였다고 해도 과언이 아니다.

리더십은 권력이 아니라 영향력이다. 영향력은 돈이 아니라 사람을 통해서 실현된다. 권력자는 법률제도와 행정적인 안배를 통해서 부하직원들에게 강압적으로 명령하는데, 이렇게 되면 부하직원은 본인이 원하지 않아도 임무를 완성해야 한다. 하지만 영향력 있는 지도자는 자신의 행동, 사상, 인격, 매력으로 부하직원들을 긍정적으로 변화시켜 자발적으로 조직의 목표를 완성하게 한다.

송나라의 대학자인 주희도 "중용은 모든 일에 부합한다"고 말했다. 매사에 합리적인 것이 중용의 도요, 모든 것을 아울러 고려하는 것이 '중中'이다.

명나라 상인인 심만삼은 조수 몇 명과 함께 남북을 오가며 활발하게 사업했다. 그의 조수 중에는 류씨라는 사람도 있는데, 50이 넘은 나이에 전국을 누비고 다니며 일하기가 힘들어 잠시 쉬고 싶다는 생각이 들었다. 그리고 쉬는 김에 그간 모은 돈으로 부인과 자식들에게 좋은 집을 한 채 새로 지어주고 싶었다. 하지만 심만삼은 한번 어떤 사업을 하기로 결정하면 절대 번복하지 않았다. 더욱이 이번 사업은 매우 까다로워서 자금이 많이 필요한데, 하필이면 류씨가 자금을 모으는 중책을 맡았다. 류씨는 쉬고 싶다고 말하자니 책임을 회피하는 것 같고 그렇다고 가만히 있자니 도저히 체력적으로 힘들어서 못 견딜 것 같았다. 결국 이러지도 저러지도 못하고 온종일 고민만 했다.

그날도 류씨는 밤이 깊도록 잠에 들지 못했다. 그런데 이때 심만삼이 류씨의 방을 찾아와 조용히 웃으며 말했다.

"뭐 때문에 고민하시는지 알아요. 그간 열심히 일하셨으니 몸에 무리가 올 만도 하죠. 미안합니다, 류 선생님."

심만삼은 류씨에게 정중히 사과한 뒤에 3개월간의 휴가를 주고 가족에게 새 집을 지어주라고 은자 50냥도 주었다. 류씨는 더할 수 없이 크게 감격하고 휴가 두 달 만에 복귀해서 예전보다 더 충성스럽게 일했다.

사실 이번 사업은 매우 어렵고도 중요했다. 다른 사람들에게 빌려준 자금도 회수하지 못한데다 현금 보유량마저 부족해 반드시 류씨의 풍부한 인맥을 통해서 현금을 변통하는 수밖에 없었다. 하지만 뜻밖에도 심만삼은 류씨에게 대범하게 휴가를 준 것이다.

돈보다 의리를 택하는 것은 매우 훌륭한 관리방법이다. 심만삼이 사업에 실패했을 때 고스란히 떠안게 될 손해를 감수하고 평소에 존경하고 아꼈던 류씨에게 휴가를 준 것은 류씨의 감정에 투자한 것이나 다름없다. 따라서 당장은 손해지만 훗날 류씨에게 큰 도움을 받을 수 있었다.

기업에서 합리적인 것은 모든 직원들이 편안함과 만족을 느끼는 것이다. 합리적인 것은 감정과 의리에 부합한다. 동료, 부하직원들과 즐겁게 생활하고 다함께 이익을 얻는 동시에 그들의 내면을 통찰하고 일을 감독하는 것은 수준 높은 예술이다.

베이징의 어느 자문회사 사장이 말했다.

"예전엔 수학적, 물리적으로 접근해야 천하를 얻을 수 있었지만 지금은 유가적, 법가적, 도가적인 관점에서 직원들에게 접근해야 천하를 얻을 수 있습니다."

유가 사상은 직원들이 서로 조화를 이루게 하고, 법가 사상은 제도를 통해서 회사의 미래에 영향을 주고, 도가 사상은 부하직원들을 강압적으로 대하지 않고 신뢰해서 조직이 저절로 돌아가게 한다. 좋은 기업은 제도, 융통성, 심성의 세 가지 차원을 가지고 있다. 제도는 직원들이 명령을 받으면 엄격한 법에 따라 반드시 실행하게 하고, 융통성은 상황을 보며 일을 조절하게 하고, 심성은 몸과 마음을 수양하고 일을 합리적으로 처리하게 한다.

연금술사의 충고

1. 합리적인 것이 바로 '중中'이다. 일을 합리적으로 처리하면 만사가 잘 풀린다.
2. 규칙은 사람을 위해서 존재해야 하며 이치에 맞아야 한다.
3. 이치에 맞는 것이 정확한 규칙이다. 이치에 맞지 않는 규칙은 조정해야 한다.
4. 관리는 시기와 사람에 맞춰 융통성 있게 해야 한다.

상사의 눈치를 보지 않고
의견을 낼 수 있게

전국시대 때 연소왕은 나라를 부유하게 만들고 군대를 강화하기 위해서 인재들을 대거 중임했다. 또한 주위에 관혼상제가 있으면 빠지지 않고 참석하고, 백성들과도 기쁨과 슬픔을 함께 나눴다. 그 결과 통치한 지 28년 만에 마침내 부국강병의 꿈을 이루고 백성들에게 추앙과 신뢰를 받는 왕이 되었다.

지도자에게 평등의식이 부족하면 진실한 마음으로 사람들과 교류할 수 없다. 따라서 중요한 일을 결정할 때는 철저히 계급의식을 배제하고 평등의식과 단체정신으로 무장해야 한다. 연소왕의 평등의식은 고위 관리와 백성들의 마음을 하나로 똘똘 뭉쳐 연나라를 강하게 만들었다.

사람을 올려다보면 목이 아프고, 내려다보면 경망스러워 보인다. 하지만 눈높이를 같게 유지하면 편하게 볼 수 있다. 어떤 사안을 결정하는 것도 마찬가지라서, 동등한 위치에서 교류하고, 건의

127

하고, 충고해야 이상적인 결과를 얻는다. 올려다보거나 굽어보는 자세는 서로의 거리를 더 멀게 만들어 합리적인 결과는커녕 분위기만 더 험악해진다.

호설암은 직급이 서로 다른 전장의 직원들을 모두 똑같이 대우하고, 직원들이 건의를 하기 위해서 불쑥 찾아와도 언제나 따뜻하게 맞이했다. 어떤 일을 결정할 때도 독단적이고 강압적으로 결정하지 않고 수시로 직원들의 의견을 일에 반영했고, 불합리한 점이 있으면 즉시 수정하고 모든 직원들의 생각을 존중했다.

호설암은 장사가 세상에서 가장 어려운 일이라고 말했다. 장사를 잘하려면 사람들과 친하게 지내는 동시에 그들이 호주머니에서 돈을 꺼내 쓰게 만들고, 가끔 잘 봐달라는 아부성 부탁도 해야 한다. 또한 사람들의 기쁘고 슬픈 마음도 어루만질 줄 알아야 한다.

직원들을 평등하게 대하는 것은 사람을 근본으로 여기는 사상을 실천하는 것이다. 실제로 모든 직원이 평등한 상황에서는 여러 직원들의 다양한 재능이 기업의 정책에 반영되고, 활발하게 교류가 일어난다. 옛 상인들은 직원들과 희로애락을 함께 나누고 일을 하는 전 과정에서 평등을 실천하여, 직원들이 장사를 자기 일처럼 여기고 최선을 다하게 했다.

리자청은 창업 초기에 조건이 열악해서 무수한 어려움을 겪었다. 하지만 굳은 의지로 직원들과 동고동락하는가 하면 직원들을 가족처럼 대하고, 회사를 경영하다가 문제점이 생기면 숨기지 않고 같이 고민했다. 그러자 직원들도 게으름을 피우지 않고 한마음으로 열심히 일했고, 결국 지금과 같이 부의 제국을 이뤘다.

상사의 눈치를 보지 않고 누구나 자신의 의견을 말할 수 있는 기업 분위기가 조성되면 직원들이 주인의식을 갖고 부족한 점을 보완해서 기업을 더 완벽하게 만든다. 한 사람보다 여러 사람이 머리를 맞대면 문제를 더 자세하게 고려할 수 있지 않은가?

직원들, 또는 직원과 투자자들이 함께 고생하고 기업의 방침을 평등하게 결정하면 기업에 생기와 활력이 돌아 결국 직원과 투자자들 모두가 이익을 보게 된다.

연금술사의 충고

1. 계급 질서는 기업의 방침을 결정하는 데 도움이 되지 않는다. 평등할수록 효과적인 기업 방침이 나온다.
2. 임원과 말단 직원이 한마음으로 일하면 금도 자를 수 있다. 이것은 옛 상인들이 장사를 하며 직접 터득한 지혜이다.
3. 직원들과 함께 고생하지 않은 사장은 파산했을 때 어디에서도 도움의 손길을 구하지 못한다.
4. 평등 정책은 직원들을 분발시키는 시스템의 일부분이다.
5. 지혜가 반드시 지위와 비례하는 건 아니다. 때론 낮은 지위의 사람들이 더 큰일을 해낸다.

상벌은 받아들일 수 있는 수준으로

옛 금언에 "권력이 있는 사람은 함부로 화를 내지 않고 은혜로운 사람은 아무 때나 베풀지 않는다"는 말이 있다. 권력은 함부로 남용해선 안 된다. 기업가가 진시황처럼 온갖 폭정을 자행하면 직원들이 싸늘하게 등을 돌리고 다른 회사에 둥지를 튼다. 자유도 아무 때나 주어선 안 된다. 지나친 자율책은 흡입력도 없고 가치도 없으므로 적절히 권력을 쓰고 자유를 주어야 한다.

《손자병법》에서는 "명령은 글로 내리고 군사는 훈련으로 단련시켜야 한다"고 말했다. 상과 벌을 함께 사용하는 것, 즉 엄격한 제도를 만들고 인간적으로 경영하는 것은 중국식 관리방법의 핵심 중에 하나이다.

눈곱만큼도 인간미를 찾아볼 수 없으며, 기업을 군대처럼 엄격하게 관리하는 사장들도 있다. 예를 들면 직원들에게 출퇴근 시간을 엄수하게 하기 위해서 5분 지각에 5천원, 10분 지각은 1만원, 30

분 지각은 2만원씩 벌금을 물리고, 한 시간 지각하면 월급을 깎는다. 사장의 장단에 맞춰 춤을 추느라 직원들은 화도 못 내고 한숨도 크게 못 쉬어 불만이 하늘을 찌른다. 이처럼 직원들이 숨도 제대로 못 쉬는 기업이 과연 성공할 수 있을까?

이에 비해 어떤 기업들은 너무 인간적이어서 직원들이 지각을 해도 특별히 뭐라고 하지 않는데, 그러면 직원들이 산만하고 나태해진다. 기업이 직원들을 규제하지 않거나 최대한 자유를 주었을 때 직원들 스스로 자신을 잘 관리하는 기업은 그리 많지 않다.

사람들은 흔히 당근과 채찍을 번갈아 사용하는 것이 좋다고 말한다. 때와 장소에 맞춰 당근과 채찍을 융통성 있게 조절하는 것은 관리의 왕도이다. 현명한 관리자는 한 가지 제도를 직원들과 기업에 일괄적으로 적용하지 않고, 다양한 제도를 만들어 서로 다른 직원들과 기업의 요구를 만족시킨다.

《서유기》에서 현장법사가 '불경 원정대'를 이끌고 서역에 갈 때 가장 큰 문제는 손오공을 길들이는 것이었다. 사실 평범한 지도자가 자기보다 능력이 뛰어난 사람을 관리하기는 실로 어렵다. 그럼 현장법사는 어떻게 유능하지만 버릇없는 손오공이 자신을 위해서 목숨을 걸고 일하게 만들었을까? 비결은 중국의 관리 지혜를 이용한 것이다. 현장법사는 벌과 상을 함께 주는 관리 지혜를 이용하여 몇 번의 시행착오 끝에 마침내 손오공을 길들이는 데 성공했다.

현장법사는 500년 동안 오행산 돌덩이에 깔려 있던 손오공을 구해주었다. 그러니 손오공이 온몸을 바쳐 보답하지 않을 수 있을까? 만약에 이런 상황에서 손오공이 스스로 대장으로 군림하거나 열심

131

히 일하지 않으면 양심의 가책을 받을 수밖에 없다. 현장법사가 손오공, 저팔계, 사오정 무리의 대장이 된 가장 중요한 이유는 목숨을 구해주는 은혜를 베푼 것이다.

은혜를 입었으면 갚는 것이 도리이다. 하지만 은혜를 갚기는커녕 수시로 말썽을 피우면 어떡할까? 현장법사도 처음에는 제멋대로 구는 손오공을 감당하지 못했다. 하지만 다행히도 관음보살에게 특별한 능력을 얻어 손오공이 말을 듣지 않을 때마다 수시로 주문을 외우고 머리를 아프게 해 리더인 자신의 말을 듣게 했다. 이렇게 상과 벌을 적절히 사용한 결과 천방지축이었던 손오공은 현장법사를 따라서 서역에 불전을 구하러 가게 되었다.

우수한 관리자가 되려면 반드시 대가족의 가장처럼 직원들을 친절하게 대해서 자신을 존경하게 만드는 동시에 권위를 가지고 대해서 두려워하게 만들어야 한다.

관리는 상과 벌과 무위사상이 적절하게 조화를 이뤄야 한다. 상과 벌 외에 최소한의 관리를 지향하는 무위사상은 직원들의 창의력을 높이는데, 이것은 《역경》의 '천지인'에 부합하는 관리 시스템이다.

직원들과 조화를 이루는 것은 관리의 본질이며, 자금을 활용하는 것은 그 다음의 일이다. 돈은 사람이 어떤 사업을 하기로 결정했을 때 필요한 실행 수단에 불과하다. 사람들은 대부분 기업의 사장들이 돈을 버는 데 혈안이 되어 있다고 생각하지만 실은 그렇지 않다. 사장은 직원들을 주시한다. 이것이 관리의 등급체계이다. 또한 상과 벌을 줄 때는 직원들이 기꺼이 받아들일 수 있게 줘야 한다.

그렇지 않으면 상과 벌을 주는 의미가 없으며 관리도 잘 되지 않는다. 직원들을 관리할 때 강약을 조절하고 상과 벌을 함께 사용하면 직원들도 기쁜 마음으로 성실히 일하게 된다.

연금술사의 충고

1. 상과 벌을 줄 때에는 진심으로 직원들의 마음을 이해하고 존중하는 것을 관리의 근본으로 삼아야 한다.
2. 상과 벌을 함께 사용하는 것은 과학이요, 예술이다. 효율성이 떨어지는 사람을 너그럽게 대하는 것은 단체에 대한 무책임한 행동이라는 말도 있지만 효율성이 인재를 판별하는 유일한 기준이 되어선 안 된다.
3. 인력을 관리할 때 가장 좋은 판단기준은 사람의 마음이다.

지연, 학연을 떠나
자리에 꼭 맞는 사람으로

　지연과 학연에 관계없이 인재를 채용한다는 것은 말이 쉽지, 실제로 실천하는 것은 훨씬 어렵다. 사람들은 저마다 좋아하고 싫어하는 것이 각기 다르고 판단도 서로 다른데, 시장에서 돈을 벌기 위해서는 가장 대중적으로 판단할 수 있는 현명한 지혜를 가진 인재를 많이 채용해야 한다.

　공자의 친구가 모처의 행정장관에 임명되었다. 먼 길을 떠나기 전에 친구가 공자를 찾아와 물었다.

　"현명한 자네가 알려주게. 내가 어떤 행정장관이 되어야 하겠는가?"

　공자가 말했다.

　"한 지역을 관리하는 일은 쉬울 수도 있고 어려울 수도 있네. 그러니 반드시 담당자가 먼저 일을 처리하게 하고 그들의 작은 허물을 너그럽게 용서하고 어진 인재를 등용하게."

어진 인재를 등용하라는 말은 지연과 학연에 관계없이 인재를 채용하라는 뜻이다. 지연과 학연에 얽매이지 않고 인재를 채용해 적재적소에 배치하면 사업이 더 번창한다. 이렇게 되면 사장은 재충전을 할 수 있는 시간적 여유도 가질 수 있고, 같은 시간에 더 많은 일을 처리할 수도 있다.

연나라의 연소왕은 줄곧 많은 인재를 등용해 곁에 두고 싶어 했다. 하지만 인재들은 그가 겉으로만 인재를 원하지 실은 두려워한다고 생각해 아무도 나타나지 않았다. 연소왕은 나라를 잘 다스리고 백성을 편하게 해줄 인재를 찾지 못해 답답하기만 했다.

훗날 곽외가 연소왕에게 이야기를 하나 들려줬다.

"옛날에 어떤 국왕이 2천금을 걸고 천리마를 구했습니다. 하지만 3년이 지나도록 구하지 못했죠. 그러다 3개월쯤 더 지났을 때 어렵사리 천리마가 있다는 소식을 듣고 사람을 보냈는데 도착했을 때 말은 이미 죽은 상태였습니다. 말을 사러 간 사람이 500금에 죽은 말을 사오자 국왕이 화가 나서 말했습니다.

'누가 죽은 천리마를 보고 싶다고 했느냐? 어찌 돈을 주고 죽은 말을 사온단 말이냐!'

그러자 죽은 천리마를 사온 사람은 '왕께서 죽은 천리마도 500금에 사셨다는 소문이 퍼지면 필시 많은 사람들이 살아 있는 천리마를 데려올 것입니다' 라고 말했습니다. 그리고 과연 며칠 뒤에 어떤 사람이 국왕에게 천리마를 세 마리 보내왔습니다."

말을 마친 곽외는 다시 본론으로 들어가 말했다.

"왕께서 인재를 불러 모으시려면 먼저 저를 받아들이셔야 합니다. 저처럼 재능이 모자라고 학문이 깊지 않은 사람을 등용하시면 소식을 들은 많은 인재들이 먼 길을 마다하지 않고 연나라로 모일 것입니다."

연소왕은 곽외의 건의를 채택하고 그를 스승으로 삼아 집을 지어주고 성대한 의식도 치러줬다. 오래지않아 전쟁이 일어났을 때 위나라의 군사가인 악의, 제나라의 음양가인 추연, 조나라의 연설가인 극신 등이 연소왕에게 의탁했다. 다른 나라들에 비해 여러모로 뒤처진 연나라에 일시에 인걸들이 몰리자 내란과 외환으로 약소국 신세를 면치 못했던 연나라는 금세 부유한 강대국이 되었다. 또한 인재들의 보좌 덕에 연소왕은 두 개의 성을 제외한 제나라의 모든 성을 함락시키는 패업을 이루고 오랜 원한을 갚을 수 있었다.

인재는 사업의 근본이다. 인재를 활용할 줄 모르는 사장은 원대한 포부가 있다 해도 현실로 이루어내지 못한다. 시장에서 승리할 수 있는 유일한 방법은 인재를 많이 임용하고 적재적소에 배치해서 능력을 마음껏 발휘하게 하는 것이다.

중국 기업은 결코 지연과 학연에서 자유롭지 않다. 대부분 집안의 첫째가 회장, 둘째가 사장, 셋째가 이사를 맡고 그 아래로 사촌, 오촌으로 나가면서 온가족이 기업의 권력을 쥐고 있으므로 이익을 나눌 때는 반드시 분열이 생긴다. 때문에 외부에서 신선한 혈액을 공급받지 않으면 하루아침에 사업이 내려앉을 수도 있다.

1980년대 초 미국 컴퓨터 업계에 강자로 떠오른 왕안은 100여 개 국가와 지역에 지점을 내고 눈부신 업적을 이뤘다. 직원이 3만 명이 넘고 영업액이 30억 달러에 달했으며 실력은 IBM과 막상막하였다. 하지만 중요한 시기에 왕안은 안팎으로 실력을 인정받은 경영인을 후계자로 삼지 않고 관리 능력이 턱없이 부족한 아들 왕리에를 사장에 취임시켰다. 아마도 자신이 손수 일군 사업이니 아들이 뒤를 이어야 안심할 수 있었나 보다. 하지만 왕리에가 취임한 첫해에 왕안은 5억 달러를 손해보았고 주가도 3년 만에 90%나 떨어지는 등 해를 거듭할수록 손실이 눈덩이처럼 불어나 결국 1992년에 파산하고 말았다.

이에 비해 중국의 대표적인 IT 기업인 레노버는 현명한 선택을 했다. 평소에 입버릇처럼 "바른 사람을 써야 한다"고 말했던 류촨즈 회장은 '가족 경영'을 철저히 금지하고 임원들의 자녀가 회사에 들어와 업무에 간여하는 것을 허락하지 않았다. 때문에 류촨즈 회장의 아들은 컴퓨터를 전공하고 컴퓨터 설계 및 연구 방면에 뛰어난 능력이 있었지만 레노버에 얼씬도 하지 못했다.

류촨즈 회장은 임원들의 자녀가 레노버에 입사해서 끼리끼리 결혼하거나 이익관계를 두고 암암리에 서로 손을 잡는 것을 경계했다. 기업 내에 소규모 이익집단이 생기는 것은 만성병과 같아서 처음에는 별로 큰 문제가 되지 않는다. 하지만 시간이 지나면서 점차 문제가 불거지고 돌이킬 수 없을 정도로 확대되면 거대한 기업도 순식간에 무너진다.

옛말에 "병사는 천 명도 쉽게 구할 수 있지만 장군은 한 명도 구하기 어렵다"는 말이 있다. 지연과 학연을 떠나 그 자리에 꼭 맞는 인재를 채용하는 것은 기업이 발전하는 데 매우 중요하다. 원대한 포부와 투명한 제도를 유지하면 인재를 모을 수 있다.

인재는 효율이요, 부이다. 기업가에게 인재보다 귀한 보배는 없다. 관리는 인재를 보호하고 키우는 과학이며 사람을 얻은 자는 천하를 얻고, 사람을 잃는 자는 천하를 잃는다. 지금은 똑똑한 인재 한 명이 만 명을 대신하는 시대이므로 가족 기업이라는 어리석은 길을 가지 않아야 한다.

연금술사의 충고

1. 지연과 학연에 관계없이 인재를 채용하고 적재적소에 배치해 능력을 마음껏 펼치게 하는 것이 가장 좋다.
2. 인재를 돈으로 불러들일 순 있지만 붙잡아둘 순 없다. 따라서 유능한 인재를 잃지 않으려면 일하기 좋은 환경을 만들어야 한다.
3. 직원들의 요구를 이해하면 중요한 인재를 잃지 않고 모든 직원들을 만족시킬 수 있다.
4. 인재를 알아보는 눈을 키우고 선발 기준을 완화하면 남다른 안목을 가질 수 있다.

비판을 즐길 줄 알아야

당태종은 재위 기간 중에 10년 정도 비판을 받았는가 하면 날마다 국책을 놓고 대신들과 첨예하게 대립하며 열띤 논쟁을 벌였다고 한다. 어리석고 무능한 군주는 귀찮아서 신하들과 논쟁하지 않고 자신의 의견에 반박하는 사람이 있으면 바로 목을 친다. 하지만 당태종은 신하들의 간언을 겸허히 받아들이고 격렬한 논쟁을 통해서 얻은 최선의 방법으로 국가와 백성을 이롭게 했다는 것을 알 수 있다.

중대한 사안을 결정하는 사람이 내리는 모든 결단은 단체나 조직에 큰 영향을 준다. 따라서 기업의 방침을 결정할 때 실수를 최대한 줄이기 위해선 반드시 제도적으로 직원들이 건의할 수 있는 통로를 만들고 직원들의 의견을 겸허히 받아들여야 한다.

제선왕이 맹자와 대화를 나누다가 맹자에게 물었다.

"어떻게 하면 재능 없는 사람을 알아보고 등용하지 않을 수 있는가?"

맹자가 대답했다.

"국왕은 인재를 등용하셔야 하나 만약에 여의치 않으면 지위가 낮은 사람을 높은 지위로 올리고 관계가 소원한 사람을 가까이 두십시오. 또 어떤 사람을 두고 근신들이 좋은 사람이라고 말하면 등용하지 마시고, 대신들이 좋은 사람이라고 말해도 등용하지 마시고, 만백성이 좋은 사람이라고 말하면 꼼꼼히 살펴보신 뒤에 실로 좋은 사람이라고 판단되면 등용하십시오. 반대로 근신들이 나쁜 사람이라고 말하면 듣지 마시고, 대신들이 나쁜 사람이라고 말해도 듣지 마시고, 만백성이 나쁜 사람이라고 말하면 면밀히 조사하셔서 실로 몹쓸 사람이라고 생각되면 파면하십시오. 근신들이 죽일 놈이라고 말하면 듣지 마시고, 대신들이 죽일 놈이라고 말해도 듣지 마시고, 만백성이 죽일 놈이라고 합창하면 진상을 알아보시고 진짜 죽일 놈이라고 판단되면 그때 목을 치십시오. 이는 만백성이 그를 죽인 것이나 마찬가지니, 이로써 국왕은 백성의 부모가 됩니다."

맹자는 무차별적으로 사람을 죽이고 자격이 부족한 사람을 등용하고 국왕이 신하들의 간언을 듣지 않는 것을 경계했다. 어떤 사람들은 사장 자리에 앉으면 자신이 마치 대단한 사람이라도 된 것마냥 옛 동료들을 무시하고 직원들의 말을 새겨듣지 않는다. 또 누가 귀에 거슬리게 말하면 자신의 재량을 남용해서 겁을 주고 좌천시키는가 하면 많은 사람들을 만나서 얘기를 듣거나 진상을 알려고 하지 않고, 자기 맘에 들면 직원이 잘못해도 그냥 웃어넘긴다. 이렇게 되면 직원들이 사장의 눈에 들기 위해서 중요한 일은 팽개쳐두고 생색내기 좋은 일만 해서 결국 기업은 치명타를 입게 된다. 그때쯤에는 사장도 이미 이미지가 바닥까지 떨어진 뒤라서 철저하게 고립될 수밖에 없다.

인재를 심사할 땐 어떻게 행동을 살펴야 할까? 제갈량은 일곱 가지 방법을 제시했다.

첫째. 옳고 그름을 물어 뜻을 관찰한다.

둘째. 말로 끝까지 몰아붙여 임기응변력을 살핀다.

셋째. 계략을 물어 식견을 관찰한다.

넷째. 재난을 알려 용기를 살핀다.

다섯째. 술에 취하게 해 성품을 살핀다.

여섯째. 이익을 제시해 청렴성을 살핀다.

일곱째. 일을 맡겨 신용을 살핀다.

이러한 제갈량의 일곱 가지 방법은 지금도 인재를 식별하는 데 현실적으로 도움이 되는 방법이다.

《중용中庸》은 '불편불기, 중용지도(不偏不倚, 中庸之道. 어느 한쪽으로 치우치거나 기대지 않는 것이 중용의 도이다)' 라는 말로 서두가 시작된다. 무슨 일이건 중심에서 벗어나 한쪽으로 치우치면 좋지 않다. 관리자는 직속 부하직원뿐만 아니라 기업을 걱정하는 사람들의 솔직한 충고를 고맙게 받아들여 직원들에게 공정한 이미지를 심어주는 동시에 불만사항과 요구사항을 해소하여 직원들이 더 열심히 일하게 만들어야 한다.

관리자가 의지가 굳고 진취적이며 스스로 모범을 보이면 그 단체의 에너지와 잠재력 또한 높아지는데, 기업에 문제가 생겼거나 창업 초기에 어려움에 부딪히면 직원들은 오직 관리자만 쳐다보게 된다. 이때 충고를 겸허히 받아들이고 솔선수범하는 사장은 직원들의 자신감을 키우고 돌보다 단단한 응집력을 형성해서 난관을 헤쳐 나갈 수 있다.

관리자는 완전무결한 사람이 아니다. 때로는 실수도 하고 부하직원들과 의견 다툼도 생긴다. 따라서 관리자는 비판을 즐길 줄 알아야 한다. 또한 직원들이 기업에 건의할 수 있는 통로를 만들어, 직원들의 의견을 많이 반영해야 한다. 그래야 실수를 줄이고 실패를 면할 수 있다.

연금술사의 충고

1. 다수가 항상 옳은 것은 아니므로 관리자는 직원들이 누구나 자신의 의견을 말할 수 있게 해서 가장 정확한 판단을 내려야 한다.
2. 마음을 비우고 직원들의 의견을 받아들이면 풍성한 대가가 돌아온다.
3. 장군이 현명하면 적군과 싸워 이길 수 있고 리더가 훌륭하면 기업이 발전한다.
4. 부하직원의 비극은 종종 리더의 손에서 빚어지므로 리더는 항상 자신의 관리방법을 돌이켜 반성해야 한다.
5. 말로 전수하는 것보다 행동으로 모범을 보이는 것이 낫다. 따라서 관리자는 자신을 먼저 돌아보고, 일을 관리하기 전에 먼저 됨됨이를 갖춰야 한다.

인재를 중용하되 너무 가깝지 않게

강한 것은 어떤 것일까? 노자는 '수유왈강守柔曰强', 즉 부드러움을 지키는 것이 강한 것이라고 말했다. 부드러움에서 성공의 힘을 본 것이다.

기업이 성공하려면 무위사상과 유위사상을 골고루 섞어서 관리하고, 부드러움으로 강함을 이겨야 한다. 가장 좋은 관리는 적합한 인재를 뽑아서 권력을 나눠준 뒤에 관리자는 자신이 할 일만 하는 것이다. 이것이 관리 중에 으뜸인 부드러운 관리이다.

유방이 군사를 일으켜 한나라를 세울 때 중대한 공헌을 한 사람들이 있는데, 바로 소하와 한신이다. 소하는 진나라에 있을 때 패현의 관리를 지냈다. 유방과 동향인 그는 학식이 뛰어나고 일처리가 매끄러우며 전략에 능하고 재주가 많았다. 유방은 일찍이 소하와 친분을 쌓았으며 각지에서 영웅호걸들이 봉기했을 때 소하를 중용하고 조수의 신분으로 각종 군사작전에 참여하게 했다.

유방의 군대가 관중에 입성하고 유방이 기쁨을 만끽하는 동안에도 소하는 한왕조의 제도를 만드느라 이전보다 더 바쁘게 지냈다. 이 과정에서 유방은 전혀 간섭하지 않고 소하가 구체적인 의견을 물어올 때에만 같이 토론하고 최종 결정을 내렸다.

소하와 관련된 가장 유명한 고사는 달밤에 한신을 쫓은 일이다. 당시에 한신이 유방에게 무시를 당하고 다른 나라로 도망가자 소하가 뒤쫓아 갔다. 이 광경을 본 어떤 사람이 소하가 야밤을 틈타 도망간다고 착각하여 유방에게 보고하자 유방이 크게 웃으며 말했다.

"다른 사람은 다 날 떠날 수 있어도 소하는 날 떠나지 않는다."

날이 밝자 결국 소하가 한신을 데리고 돌아왔다. 유방은 소하의 건의를 받아들여 한신을 대장군에 임명하고 자신을 도와 천하를 평정하게 했다.

유방은 원래 배운 것도 없고 재주도 별로 없는 사람이다. 그런데도 항우를 꺾고 한나라를 세울 수 있었던 것은 인재 등용의 중요성을 알았고 인재를 알아보는 혜안이 뛰어났기 때문이다. 유방은 중국 역사상 무위의 기술을 가장 잘 사용한 왕이다. 그런 유방이 인재를 등용하는 수준은 한신이 감탄할 정도였다. 어느 날 유방이 한신에게 물었다.

"자네가 보기에 내가 병사를 몇 명이나 인솔할 수 있을 것 같은가?"

"최대 10만 명입니다."

"자네는 몇 명이나 인솔할 수 있는가?"

"많으면 많을수록 좋습니다."

유방이 웃으며 말했다.

"자네는 나보다 더 많은 병사를 인솔할 수 있는데 왜 내 밑에서 일하는가?"

그러자 한신은 "왕께선 병사를 잘 인솔하시지 못하지만 장군은 잘 인솔하십니다. 이것이 한신이 왕 밑에서 일하는 이유입니다"라고 대답했다.

훌륭한 관리자는 '병사'가 아니라 '장군'을 잘 인솔한다. 성공한 지도자는 중요한 인물들이 자신의 말을 따르게 하고 이들을 통해서 천군만마를 지휘해 최고의 이윤을 창출한다.

'유위'와 '무위'를 동시에 이용하는 것은 심오한 지혜이다. 기업을 관리하는 것은 자신의 욕망과 명예와 이익을 관리하는 것과 같고, 사업을 단계별로 잘 안배하는 사람은 자원을 활용해서 손대는 사업마다 성공으로 이끈다.

미국의 중국계 수학자인 천성선은 독일, 미국을 거쳐 다시 중국으로 돌아오고 20대부터 93세의 나이로 타계할 때까지 오직 수학 한 가지만 연구해서 대단한 성과를 이뤘다. 천성선이 말했다.

"전 한평생을 혼신의 노력을 다해서 수학만 연구했습니다."

그가 평생에 걸쳐 수학을 연구한 것은 '유위'의 일면이다. '무위'의 일면은 그가 명예와 이익을 추구하지 않은 것이다. 그가 말했다.

"수학에 노벨상이 없는 건 다행스러운 일입니다. 수학은 조용한 세계이기도 하고 큰 상이 없는 평등한 세계이기도 하지요."

천성선의 생각과 행동은 노자가 말한 '무위'에 해당할뿐더러 사실상 '무위이무불위' 사상에도 부합한다.

관리자는 마땅히 해야 할 일과 하지 않아야 할 일을 구분할 줄 알아야 하고, 인재를 중용하고 부하직원들과 일정한 거리를 유지하는 것이 좋다. 너무 거리가 가까우면 '무위'를 '유위'로 만들게 된다. 부하직원들을 친절하게 대하면서도 마치 직원들이 회사 돈을 갖고 도망가기라도 할 것처럼 온종일 뚫어지게 쳐다본다면 직원들이 숨이나 제대로 쉴 수 있을까? 과연 이런 '유위'가 사업에 도움이 될까?

《노자》 제17장에 "태상, 부지유지太上, 不知有之"라는 문장이 나온다. 훌륭한 지도자는 부하직원들의 적극성을 불러일으키고 부하직원들이 지도자의 존재를 잘 느끼지 못한다는 뜻이다.

할란 클리블랜드는 자신의 저서인 《미래의 지도자》의 중국어 번역서 속표지에 "공성사수, 백성개위, 아자연功成事逐, 百姓皆謂, 我自然"이라는 노자의 글을 적었다. 클리블랜드는 이 문장을 '좋은 지도자는 말이 적고 부하직원이 일을 완성했을 때 스스로 해냈다고 생각하게 만든다'고 풀이했다.

노자의 글을 통해서 어떤 교훈을 얻었는가? 가장 좋은 관리방법은 '무위'와 '유위'를 함께 사용하고, 때로는 권한을 집중하고 때로는 분산하며 합리적으로 이용하는 것이다. 관리자는 중대한 문제가 생겼을 때 쓸데없는 논쟁에 휩쓸리지 않고 권한을 집중해서 해결책을 신속히 제시해야 한다. 또한 해결책을 실행할 때에는 권한을 분산해서 직원들이 감시자의 눈길을 느끼지 않고 자유로운 분위기에서 능력을 최대한 발휘할 수 있게 무대 뒤로 사라져야 한다.

연금술사의 충고

1. 인재를 등용하고 양성하라. 기업은 용광로이고 관리는 촉매제 이다.
2. 관리자는 찬성도 반대도 아닌 중립적인 마음으로 모든 것을 포용해야 한다.
3. 임원은 윗사람에게 예의를 갖추면서도 아첨하지 않고 아랫사람에게 너무 엄격하게 굴지 않되 아무렇게나 내버려둬선 안 된다.
4. 상사와 부하직원 간에 거리가 너무 가까우면 '무위' 가 '유위' 가 된다.
5. '무위' 의 관리는 직원들에게 여유를 준다. 큰 틀에서 일이 올바른 방향으로 진행되면 직원들이 하고 싶은 일을 하도록 두는 것이 좋다.

사서의 가르침을 깨닫고 실천하면

어느 노벨상 수상자는 "21세기에 살아남으려면 반드시 2500년 전으로 돌아가 공자에게 지혜를 배워야 한다"고 말했다. UN이 선정한 세계 10대 위인 중에 첫 번째 인물인 공자는 중국의 유가 사상을 만들었고 그의 제자인 맹자, 순자 등이 뒤를 이어 유학의 꽃을 피웠다.

유가 경전인 《논어》《맹자》《대학》《중용》은 내용이 심오하고, 실용적인 관리방법은 물론 사람과 사회, 개인과 단체의 관계에 대해서도 명쾌하게 가르쳐준다. 예컨대 '수기이안인修己以安人'은 먼저 자신의 재능을 개발한 뒤에 다른 사람을 관리하라는 가르침을 주고, '인자애인仁者愛人'은 어진 도를 실천하려면 인간적으로 관리해서 직원들의 이익을 보호하고 먼저 그들에게 관심을 가지라는 가르침을 준다. 또한 '화위기, 군자화이부동和爲貴, 君子和而不同'은 전체의 조화를 추구할 때 서로 생각의 차이를 인정해야 현지화에 성공할 수 있다는 뜻이며, '사생취의舍生取義', '중용지도, 과유불급中庸之道, 過猶不及'은 의로움의 중요성을 강조하는 동시에 합리성을 추구하는 것이 최고의 관리임을 알려준다.

사서의 가르침을 깨닫고 일상생활에서 실천하면 좋은 결과를 얻을 수 있다. 옛 중국 사람들이 물려준 경전의 가르침은 시간이 지나도 그 의미와 가치가 퇴색되지 않는다.

청나라 때의 상인인 주문치는 광동지방에서 차를 팔았다. 그는 묵은 차를 팔 때 주변 상인들의 만류에도 불구하고 손님을 속이지 않고 계약서에 반드시 묵은 차라고 기재했다. 주문치는 이익을 버리고 의를 택한 탓에 20년 동안 장사를 하면서 수만 냥을 손해 보았다. 하지만 한 번도 누굴 원망하거나 후회하지 않았다. 자리를 비울 때도 점원에게 결코 속임수로 장사해선 안 된다고 단단히 일렀다. 그 결과 그의 명성이 천 리 밖까지 퍼져 나중에는 사람들이 모두 주문치에게 차를 사러 몰려오게 되었다.

주문치는 손해를 많이 보면서도 정직하게 장사하는 건전한 상업 분위기를 조성해 주변 상인들에게 널리 퍼뜨렸다. 이로 인해 이익을 본 건 비단 손님만이 아니다. 상인도 정직하게 장사한 덕에 손님들이 구름처럼 밀려와 이익을 많이 얻었다.

중국 최고의 부동산 그룹인 완커의 왕스 회장은 말했다.

"완커가 성공한 건 자신감 있는 태도로 높은 곳에서 시장을 내려다보며 큰 포부를 가지는가 하면 겸손한 태도로 낮은 곳에서 시장을 올려다보며 다른 기업들의 장점을 본받았기 때문입니다."

리동성 TCL그룹 회장도 말한다.

"중국에서 좋은 기업으로 발전하려면 반드시 조화를 이뤄야 하지요. 조화를 이루기 위해선 선진 관리방법을 배우고 중국이라는 환경에서 일하는 법을 배워야 합니다."

중국의 환경에 적응하고 중국의 전통적인 관리방법을 배우는 것은 외국 기업이 중국에서 성공할 수 있는 비결이다.

니우건성 회장은 직원을 뽑을 때 덕과 재능을 겸비했으면 파격적으로 중책에 앉히고, 덕만 있고 재능이 없으면 채용한 뒤에 교육시키고, 재능만 있고 덕이 없으면 채용을 고려하고, 덕도 재능도 없으면 무슨 일이 있어도 채용하지 않았다. 재능과 덕을 중시하는 것은 몇 천 년의 역사를 가진 중국 경전의 핵심사상이다.

사람들은 대부분 미국식 MBA 과정을 밟은 뒤에 회사를 세우고 본격적으로 황금을 캐러 나선다. 하지만 중국에서 기업 활동을 하려면 단순히 미국식 관리방법을 따라해선 안 된다. 반드시 중국과 서양의 관리방법을 결합한 혼합방식, 즉 중국의 관리방법을 뼈대로 삼고 서양의 관리방법으로 살을 붙인 방식을 이용해야 한다. 중국 모토로라 사장은 머리부터 발끝까지 중국 기업이 되기 위해서 중국식 관리방법을 이용하고 중국사회에 스며들었기에 중국에서 성공할 수 있었다고 말했다.

일본은 겨우 20년 만에 2차대전의 폐허를 딛고 세계 2위의 경제 대국이 되었다. 그러자 80년대에 '관리의 왕국' 이었던 미국은 놀라움을 감추지 못하고 일본이 짧은 시간에 성공적으로 재기할 수 있었던 비법을 연구하기 시작했다.

하버드 대학의 에즈라 보겔 교수는 자신의 저서인 《재팬 애즈 넘버 원)에서 미국은 일본을 교훈으로 삼고 일본이 성공적으로 재기할 수 있었던 관리의 비법을 배워야 한다고 주장했다. 미국의 경영학자인 피터 드러커는 일본을 연구하다가 일본이 관리 철학을 매우 중시한다는 사실을 발견했는데, 이는 미국과 확연히 다른 점이었다. 물론 일본 사람들이 미국식 관리방법을 전혀 이용하지 않은 건 아니다. 일본 사람들은 과학적인 관리 수단과 기술을 활용하는 동시에 유가와 도가 같은 중국 전통문화의 핵심을 흡수해 사람을 근본으로 여기는 관리철학을 형성했다. 여기서 사람을 근본으로 여기는 관리의 핵심은 유가 사상이다.

일본의 성공은 중국과 서양의 관리방법을 결합한 가장 좋은 예이다. 일본 사람들은 중국 경전의 관리사상을 현대적으로 바꾸어 비교적 완벽한 시스템을 구축하고 기업 경영에 활용했다.

싱가포르도 마찬가지다. 싱가포르는 정치적·경제적으로 발전하는 데 성공함으로써 중국 전통 경전의 무한한 매력을 입증했는데, 실질적인 관리 측면에서 중국의 관리방법은 든든한 기둥 역할을 했다. 리광야요 국제 유학연합회 명예회장 겸 싱가포르 내각 정치자문은 이렇게 말했다.

"싱가포르를 통치하면서 느낀 점인데, 만약에 싱가포르 국민 대부분이 유가 사상의 영향을 받지 않았으면 싱가포르는 아마 아시아의 네 마리 용에 끼지 못했을 겁니다."

한자 문화권에 속하는 한국과 대만도 중국 전통문화의 영향을 깊게 받아 기본적으로 중국식 관리를 실행하고 있다.

1. 서양의 관리방법은 데이터에 의존하지만 중국의 관리방법은 사람을 근본으로 여기는 사상에 의존한다.
2. 전통적인 방법으로 돌아가라고 해서 기업을 노점으로 바꿀 필요는 없다. 동서양의 방법을 결합하고 현대적인 수단으로 전통적인 경전의 사상을 실천해야 한다.
3. 기업은 컴퓨터이고 관리는 운영체제이다. 따라서 중국식 관리이건 서양식 관리이건 동서양 혼합식 관리이건 관리방법은 기업이 효율적으로 돌아가게 해야 한다.

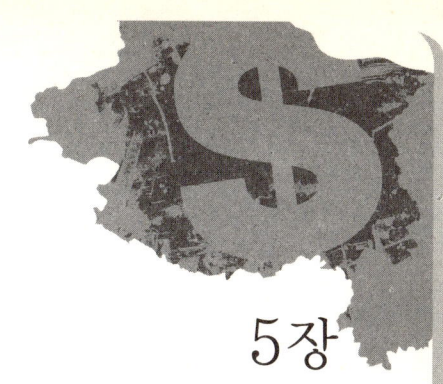

5장

시대의 흐름을 읽는
생각하는기술

옛말에 "시대의 중대사나 객관적인 형세를 정확하게 아는 자가 뛰어
난 인물이다"라는 말이 있는데, 결코 이 말을 우습게보면 안 된다. 실
제로 시장에서 결정적인 역할을 하는 것은 당면한 업무나 흐름을 읽
는 안목이다. 시대의 흐름을 읽고 아군에 붙었다 적군에 붙었다 하는
박쥐같은 태도는 좋지 않지만 돈이 실시간으로 오가는 시장에서 상인
에게는 반드시 좋은 안목이 필요하다.

성공하는 사람은 열 보 앞을 내다보고 걷고, 실패하는 사람은 한 치
앞만 보고 걷는다. 자본이 적어 시작이 미약한 창업가라도 정확한 안
목으로 좋은 기회를 잡으면 얼마든지 커다란 이익을 손에 쥘 수 있다.

높은 곳에 서서 멀리 본다

옛말에 "시대의 중대사나 객관적인 형세를 정확하게 아는 자가 뛰어난 인물이다"라는 말이 있는데, 결코 이 말을 우습게보면 안 된다. 실제로 시장에서 결정적인 역할을 하는 것은 당면한 업무나 흐름을 읽는 안목이다. 시대의 흐름을 읽고 아군에 붙었다 적군에 붙었다 하는 박쥐같은 태도는 좋지 않지만 돈이 실시간으로 오가는 시장에서 상인에게는 반드시 좋은 안목이 필요하다.

성공하는 사람은 열 보 앞을 내다보고 걷고, 실패하는 사람은 한 치 앞만 보고 걷는다. 자본이 적어 시작이 미약한 창업가라도 정확한 안목으로 좋은 기회를 잡으면 얼마든지 커다란 이익을 손에 쥘 수 있다. 하지만 만석꾼 부자도 선견지명이 없으면 빈털터리가 된다.

경쟁이 치열하게 벌어지는 시장에서 창업의 기회를 잡기는 좀처럼 쉽지 않다. 시장의 트렌드를 분석하고 쓸모 있는 정보를 얻어 사업으로 연결시키는 능력은 사업의 성패를 가르는 중요한 요소이다.

자공은 장사와 재테크를 하는 능력이 뛰어나 돈을 벌 수 있는 기회를 놓치지 않았다. 공자는 《논어》에서 "회야기서호, 루공. 사불수명, 이화식언, 억칙루중回也其遮乎, 屢空. 賜不受命, 而貨殖焉, 臆則屢中"이라고 말했다. '사賜'는 단목사端木賜라는 뜻으로 자공의 원래 이름이다. 이 말은 "안회는 도덕적으로 문제가 없지만 당장 끼니도 해결하지 못할 정도로 가난하다. 이에 비해 자공은 본분을 지키지 않고 시세를 예측해서 돈을 벌지만 매번 예측이 맞아떨어지니, 실로 대단한 예측가로다"라는 뜻이다.

시세 예측에 능한 자공의 얘기는 《사기·중니제자열전史記·仲尼弟子列傳》에도 실려 있다.

"자공은 싸게 사서 비싸게 팔았고, 샀던 물건도 다른 사람에게 팔아넘겨 천금을 모았다."

자공은 선견지명으로 시장의 변화를 예측하고 싸게 사고 비싸게 팔아서 차익을 남겼다.

자공이 살았던 춘추시대 말기는 이미 철기와 우경의 출현으로 생산력이 크게 늘어 상품경제가 발달하기 시작했다. 자공은 사회에 대한 관찰과 사고를 통해서 사회경제의 발전 규칙과 부를 쌓는 도를 깨달았다. 또한 유가의 제자답게 학식이 풍부하고 반응이 민첩했는데, 특히 시장 정보를 빨리 얻고 시장을 보는 안목이 남달랐다.

안목을 키우려면 사회의 흐름을 일목요연하게 파악해야 한다. 국가정책이나 시장구조에 대해서는 까막눈인 채 오직 눈에 불을 켜고 장사만 하는 사람은 제대로 된 안목도 없거니와 있어도 잘못된 판단을 내리기 쉽다.

자공의 성공이론의 핵심은 경제의 규칙을 연구해서 수시로 찾아오는 사업의 기회를 잡고, 거래할 때 신용을 지키며 다른 사람의 이익을 해치지 않는 것이다. 자공은 사업상 뭔가를 판단할 때 지혜를 발휘해서 후세 사람들의 존경을 받는 상인이 되었다. 사마천도 《사기》에 자공을 칭찬하는 글을 남겼다. 역사 자료는 자공을 물가가 오를지 떨어질지 매우 정확하게 맞춰 엄청난 부를 쌓은 거상이라고 형용한다.

장신은 열네 살 때까지만 해도 홍콩의 작은 공장의 조립라인에서 일하는 가난한 노동자였다. 하지만 스물일곱 살 때 케임브리지 대학교에서 경제학 석사학위를 받았고, 스물아홉 살 때 미국 월스트리트에서 연봉 25만 달러를 받는 전도유망한 투자고문으로 화려하게 변신했다. 그런데 월가의 인재가 뭐가 아쉬운지 돌연 중국에 돌아와 한 번도 외국에 나가본 적도 없고 영어도 한 마디 못하는 토박이 청년과 결혼했다. 그가 누군가 하면 지금은 중국의 유명한 부동산 재벌이 된 판스치이다. 당시만 해도 부동산 업자인 판스치가 가난을 벗고 억만장자가 되리라곤 아무도 생각하지 못했는데, 장신은 유일하게 그에게서 눈부신 미래를 본 것이다.

판스치는 대학을 졸업한 뒤에 정부 기관에서 일하다가 과감히 '철밥통'을 버리고 단돈 80위안을 들고 꿈의 도시인 선전으로 갔다. 안정된 직장을 버릴 때에는 용기도 필요했지만 무엇보다도 시장의 미래를 읽는 정확한 판단력이 필요했다.

다른 사람들이 부동산 투기의 달콤한 꿈에 빠져 있을 때 판스치는 심각한 후폭풍이 불어 닥칠 것을 미리 직감하고 선전을 떠나 베이징에서 다시 새롭게 사업을 시작했다. 1993년에 그는 베이징에 완퉁실업을 창립하고 완퉁 신스지 광장과 완퉁 파잔 빌딩 등을 세워 베이징의 부동산 역사를 새로 썼다.

하지만 판스치는 머지않아 무질서한 기업 확장이 완퉁실업을 좀먹을 것이라고 판단하고 완퉁실업을 떠나기로 결정했다. 이후 베이징 홍스실업을 새롭게 차리고 가장 먼저 진행한 프로젝트가 그 이름도 유명한 '센다이청現代城'이다. 그가 당시에 양조장 하나만 덜렁 있는 허허벌판에 아파트를 짓는다고 했을 때 회사 사람들은 모두 반대했다. 하지만 판스치는 그곳이 풍수적으로 위치가 좋고 앞으로 발전 가능성이 무한하다고 생각했는데, 과연 센다이청은 베이징 부동산 역사에 기적을 만들었다. 이는 판스치의 안목이 얼마나 뛰어난지 여실히 보여주는 대목이다.

대다수의 사람들이 발밑의 현실만 볼 때 판스치는 가까운 미래의 트렌드를 보았다. 이런 독특한 안목 덕에 센다이청은 개발할 때부터 많은 사람들의 주목을 받았고 때로는 불필요한 논쟁에 휘말리기도 했다. 특히 디자인이 혁신적인 소호 센다이청은 한밤중에도 사람들이 줄을 서서 물건을 사가는 진풍경이 연출되었고, 베이징에 나온 매물 중에 최고가로 팔리는 기록을 세웠다. 하지만 생각의 차이로 업계 사람들에게 신랄한 비판을 받기도 했다.

조급한 성공과 눈앞의 이익에 급급한 사람은 결코 황금을 캘 수 없다. 진정한 상인은 평범한 사건의 배후에서 시대와 사회의 변화를 파악해 위험한 함정을 피하고 돈을 벌 수 있는 기회를 잡는다.

남들이 땅만 보고 걸을 때 열 보 앞을 내다보고 조심스럽게 걸으면 부의 근원과 변화의 트렌드를 알 수 있다. 또한 시대의 흐름을 일찍 파악하면 돈을 벌 수 있는 좋은 기회를 잡을 수 있는데, 이것 이 바로 상인이 돈을 버는 비결이다.

연금술사의 충고

1. 때로 많은 사람들과 다른 것은 자신이 옳다는 뜻일 수도 있다. 진리는 종종 소수의 편에 있는 법이다.
2. 열 보 앞을 내다보고 조심스럽게 걸으면 실수를 덜 하면서 남보 다 앞서 갈 수 있다.
3. 한치 앞만 보고 걸으면 우물 안 개구리처럼 손바닥만 한 하늘만 보게 될 뿐이다.
4. 높은 곳에 서야 멀리 본다. 건설적인 눈으로 문제를 보면 사소 한 일에서도 거대한 사업의 기회를 발견할 수 있다.

대담하면 고기를, 소심하면 국물만

1900년에 8개국의 연합군이 베이징을 함락했을 때 서태후는 광서황제를 데리고 시안으로 피신했다. 하루는 어가를 타고 시안 시다지에의 오르막길을 오르는데, 어디서 맛있는 냄새가 솔솔 났다. 서태후가 무슨 음식이기에 이렇게 맛있는 냄새가 나냐고 물으니, 시안의 순무가 근처에서 둥씨 성을 가진 사람이 양고기와 소고기를 파는데 마침 고기를 삶고 있는 것 같다고 대답했다. 서태후는 어가를 세우고 사람을 시켜 고기를 사왔는데 그 맛을 보고 감탄을 금치 못했다.

대체 서태후가 감탄할 정도면 얼마나 맛있겠는가! 대신들은 서태후의 환심을 사기 위해서 병부상서 조복교의 스승인 형정유가 쓴 '연지파輦止坡'라는 금박 간판을 둥씨네 음식점 입구에 걸었다. 그러자 발 빠른 그곳 상인들이 메뉴에 '연지파 둥씨네 양고기 절임'을 추가해 시장에 팔았다. 지금도 '연지파 둥씨네 양고기 절임'

160

은 육질이 부드럽고 맛있기로 소문나 국내외에서 많은 사람들이 즐겨 먹는다.

　기회가 오면 과감히 손을 뻗어서 잡아야 한다. 대담한 사람은 고기를 먹고 소심한 사람은 국물만 마시는 것이 시장의 진리이다. 모험은 과감히 승부수를 던지는 것이다. 역사적으로 유명한 중국 상인은 모두 모험을 두려워하지 않았다. 이익을 얻으려고 중국 전역을 돌아다니는가 하면 송나라 땐 해외까지 나갔다. 또한 전장이나 전당포를 차리고, 고리대도 하고, 비단 · 도자기 · 약재를 구매해서 운반하기도 했는데, 지금도 이 전통은 계속 이어지고 있다.

　예컨대 1993년에 리자오선 타이양 그룹 회장은 시장을 철저히 분석한 뒤에 '바전 소고기 양념장' 을 만들었다. 양념장을 출시하기 전까지 리자오선 회장은 임원들의 강한 반대에 부딪혔지만 판매량은 그들이 기회를 잡았음을 말해줬다. 소고기 양념장은 1993년에 출시되자마자 3천 상자가 팔리고 1994년 상반기에 5천 상자, 하반기에 또 5천 상자가 팔렸다. 1995년 상반기는 판매량이 3만 상자까지 올랐다. 보통 사람들은 판매량이 이 같은 수준을 유지하면 굳이 제품을 개선할 생각을 하지 않는다. 하지만 리자오선 회장은 '바전 소고기 양념장' 이라는 이름이 대중적이고 발음하기도 편하지만 브랜드 파워가 약해 다른 것으로 바꿔야 한다고 생각했다.

　임원들은 제품의 이름을 바꾸는 것은 스스로 자기 무덤을 파는 짓이라고 반대했다. 하지만 이름을 바꾼 뒤에 판매량은 곤두박질치기는커녕 예전보다 더 가파르게 올랐다.

　모험을 하면 온 세상이 집이 되고 전국 방방곡곡에서 발전의 꽃을 피울 수 있다.

역사적으로 유명한 중국 상인들은 대부분 집이라는 개념이 없다. '돈맥'을 잡으면 안락한 집에서 뛰쳐나와 즉각 큰 사업으로 키웠다. 중국 상인은 모험정신과 개척정신이 뛰어나므로 현실에 안주하는 것을 부끄러워하고 미지의 세계에서 새로운 사업을 시작하고 판로를 개척하는 것을 좋아한다. 만약에 이들의 모험정신이 없었으면 비단길과 바닷길은 열리지 않았을 것이다.

한 가지 예를 들자. 19세기 말에서 1940년대 사이에 닝보 상인은 두 차례에 걸쳐 대규모로 일본, 유럽, 미국, 홍콩 등지로 건너가 사업을 시작했다. 첫 번째는 광서 선통년 때 10만 명이 넘는 상인이 해외에 이주했고, 두 번째는 국민당 통치가 무너지기 전날 대규모의 닝보 상인이 유럽, 미국, 오스트레일리아로 이주했다. 이 중에 동하오윈은 세계 7대 선박왕이 되고 바오위강은 홍콩 10대 그룹의 회장이 되었는데, 모두 모험정신이 뛰어났기에 성공의 반열에 오를 수 있었다.

돈이 어느 정도 있을 때 돈을 더 많이 벌 수 있는 방법이 두 가지 있다. 하나는 은행에 저금하거나 부동산을 사는 것이고 다른 하나는 다른 곳에 투자해서 더 많은 이익을 얻는 것이다. 사람들은 막상 투자를 고민할 때 리스크가 낮고 수익을 안정적으로 얻을 수 있는 편을 선호한다. 그래서 좋은 기회가 찾아와도 원금을 잃을 걱정에 과감히 투자하지 않고 그냥 작은 수익에 만족하고 만다.

이에 비해 과감히 모험을 하는 사람은 고위험 고수익의 기회를 얻는다. 물론 중간에 크게 손해를 보는 사람들도 있지만 성공하는 경우도 많다. 기회는 사람을 기다려주지 않으므로 황금을 손에 넣으려면 반드시 대담하면서도 세심해야 한다. 소심한 사람은 그저 돈이 남의 주머니로 흘러들어가는 것을 구경할 수밖에 없다.

연금술사의 충고

1. 기회가 왔을 때 가장 먼저 차지하라. 그렇지 않으면 다른 사람이 빼앗아간다. 한번 놓친 기회는 다시 오지 않는다.
2. 2인자가 되지 말고 1인자가 되라. 2인자로 만족한다면 리스크가 낮지만 결코 업계의 선두가 될 수 없다.
3. 기회를 그냥 흘려보내지 말고 도망가지 못하게 꼭 잡아라.
4. 투자는 결과를 고려하지 않고 내달리는 게임이 아니므로 이성적으로 분석한 뒤에 시작해야 한다.

돈 잘 버는 사람에게 돈 버는 법을 배운다

빈털터리인 사람은 자신의 이상을 실현하고 싶어도 곳곳에서 어려움을 겪는다. 넘고 또 넘어도 난관에 끝없이 부딪히고, 성공의 연안이 보이지만 자신이 탄 배는 엉뚱한 방향으로 흘러가기만 한다.

성공한 사람들도 사실 처음 시작할 때는 모두 같은 단계를 거쳤다. 인생의 바다에 안개가 자욱해서 앞이 잘 보이지 않을 때에는 성공한 사람들을 생각하며 목표를 세우고, 앞길을 밝혀줄 등대를 찾아야 한다. 그러면 다시는 어둠 속에서 방향을 잃지 않는다.

투자자는 잘난 척하는 우물 안 개구리가 되어선 안 된다. 개인이나 기업이 성공한 경험과 환경을 연구해서 자신의 것으로 만들고, 자신의 롤 모델을 찾고 훌륭한 사람들의 장점을 본받아 부족한 지혜를 채워야 한다.

옛날에 어떤 부자 상인이 외지에서 떼돈을 벌고 고향에 돌아왔다. 그가 만면에 웃음을 짓고 거리를 활보하자 사람들이 모두 그를 부러운 눈으로 쳐다봤다. 그러자 어떤 거지가 투덜댔다.

"돈도 많으면서 지나갈 때 동전 하나 던져주지 않네."

예쁜 여자가 환상에 젖어 말했다.

"저 사람이랑 결혼하면 얼마나 좋을까? 첩이라도 되면 소원이 없겠네."

어떤 수재는 시샘하며 말했다.

"세상에 정당하게 돈을 버는 부자는 없어. 못된 짓으로 돈 번 사람들이 얼마나 많은데."

사람들은 저마다 한마디씩 수군거렸다. 그 중에는 부러워하는 사람도 있고 시기하는 사람도 있고 분노하는 사람도 있었는데, 유일하게 남루한 차림을 한 청년만 말없이 부자 상인의 뒷모습을 바라봤다. 사람들이 청년에게 물었다.

"거지 양반, 뭘 그리 골똘히 생각해?"

그러자 사람들이 거지라고 부른 청년이 말했다.

"저 분이 어떻게 돈을 벌었을까 생각했어요. 방법을 배우면 저도 저 분처럼 금의환향할 수 있을 텐데요."

사람들은 잠꼬대 같은 거지 청년의 말을 웃어넘기고 각자 흩어졌다. 하지만 10년 뒤에 이 청년은 하인마저 비단 옷을 입히고 100만 냥의 은표를 들고 경성의 번화가에 나타났다. 이 청년이 바로 명나라의 거상인 심만삼이다. 심만삼은 돈을 버는 방법을 배워 그 시대 최고의 부자가 되었는데, 그의 재산이 국고보다 더 많아 황실에 불리한 일을 할까 봐 황제까지 그를 두려워했다.

세상에 거지가 되고 싶은 사람은 없다. 심지어 세상에서 가장 가난한 사람도 땡전 한 푼 없이 하루를 사는 끔찍한 생각을 하지는 않는다. 가난하면 불편하고, 물질적인 즐거움도 충분히 느낄 수 없으며, 정신적으로 누리는 것조차 사치라고 생각하게 만든다. 가난한 사람들은 부자를 부러워하지만 정작 그들이 어떻게 돈을 벌었는지는 알려고 하지 않는다.

가난을 벗고 부유해지기 위해선 부를 다스리는 사상과 수단이 필요하다. 가만히 앉아서 운명이 불공평하다고 탓만 할 게 아니라 부자의 줄에 서기 위해서 그들의 성공이론과 경험을 적극적으로 흡수하려고 노력해야 한다. 그래야 돈방석에 앉는 꿈이 현실로 이뤄진다.

워렌 버핏은 어릴 때 골프 캐디가 되기로 결심했다. 월급이 많은 것도 이유이지만 주된 목적은 가까이에서 성공한 사람들이 생활하는 모습을 지켜보고 투자 정보를 들으며 돈 버는 방법을 배우기 위해서이다.

버핏의 방법은 경영자가 참고할 만하다. 기업은 버핏이 부자들에게 돈 버는 방법을 배웠던 것처럼 앞서 나가는 기업의 제품, 서비스, 경영방식을 본받아 경쟁력과 수준을 높여야 한다.

부자가 되는 것을 목표로 세운 뒤에 목표를 달성하고 스스로 다른 사람들에게 본보기가 되자.

연금술사의 충고

1. 운명을 탓하는 것은 실패자나 하는 짓이다. 진실로 강한 사람은 실의에 빠졌을 때 "난 안 돼"라고 말하지 않고 "성공한 사람들은 이럴 때 어떻게 할까?"라고 말한다.
2. 훌륭한 라이벌에 대해서 공부할 때 쓸모없는 점은 버리고 좋은 점만 본받는다.
3. 목표가 높을수록 성장 속도가 빠르다.
4. 평상심을 유지하라. 일은 사람이 계획하지만 성패는 하늘에 달려 있다.

자기 페이스 조절하는 법을 익힌다

토끼와 거북이가 경주할 때 단순히 속도로만 보면 거북이는 결코 토끼를 이길 수 없다. 하지만 둘이 경주를 한 결과 발이 빠른 토끼가 지고 느릿느릿한 거북이가 이겼다. 거북이는 한 발 한 발 옮기는 것이 어렵고 속도도 느리지만 처음부터 끝까지 같은 페이스를 유지하며 꾸준히 기었다. 이에 비해 토끼는 껑충껑충 뛸 수 있고 속도도 빠르지만 중간에 낮잠을 잤고, 잠에서 깼을 땐 이미 거북이가 결승선을 통과한 뒤였다.

토끼와 거북이의 이야기는 빨리 달리는 것보다 꾸준히 달리는 것이 더 중요하다는 교훈을 준다. 시장에서 순풍에 돛 단 듯 사업이 술술 풀려 빠르게 성장하는 것도 좋지만, 가장 좋은 전략은 꾸준히 안정적으로 성장하고 리스크를 최저로 낮추는 것이다. 최전선에 나서면 영예롭긴 하지만 예상치 못한 악재가 나타났을 때 혼자 떠안고 침몰하는 수가 있다. 하지만 뒤따라가는 전술을 택하면 모진 매를 먼저 맞는 일을 피하고 기회를 얻을 수 있다.

지난 몇 년간 중국의 부동산 시장은 강세장이었다. 하지만 활황에도 시간의 시험을 견디지 못한 기업들은 깜짝 성공 뒤에 처참히 쓰러졌다. 이에 비해 안정적으로 꾸준히 성장한 기업은 시장이 갑작스럽게 변해도 유연하게 대처하고 환경에 잘 적응해서 새로운 시대를 열었다.

투자나 기업 활동은 장거리 마라톤이다. 너무 빨리 달리면 숨이 차서 끝까지 뛰지 못하고, 너무 느리게 달리면 무리에서 뒤쳐진다. 중간에 포기하면 그간 열심히 노력한 것이 수포로 돌아가고, 아예 참가하지 않으면 우승의 기회조차 얻지 못한다. 따라서 장거리 마라톤을 완주하기 위해선 빨리 달리지 않고 안정적으로 꾸준히 달려야 한다. 그래야 우승도 바라볼 수 있다.

모름지기 물이 흐르는 곳에 도랑이 생기고, 수레가 산 앞에 이르면 반드시 길이 있게 마련이다. 모든 일은 서두르면 그르치게 된다. 서두르면 변화가 생기고, 변화가 생기면 혼란스러워진다. 사업을 개척하고 창조해서 업계의 1인자가 되려면 어떤 경우에도 준비되지 않은 전쟁을 치러선 안 된다. 중국 상인들은 이 점을 철저하게 지킨다. 급하다고 뜨거운 두부를 허겁지겁 삼키는 일은 하지 않는다. 모든 일은 승산이 있을 때 시작한다. 그래서 투자를 할 때도 만반의 준비를 하며, 결코 토끼처럼 한가하게 여유를 부리지 않는다. 중국 상인이 소매를 걷어 올리고 본격적으로 일을 시작하는 것은 90% 이상 이길 자신이 있다는 뜻과 같다.

사업을 시작하면 언젠가 크고 강하게 키워야 한다. 하지만 규모와 속도만이 승부를 가르는 중요한 요소는 아니다. 오히려 빨리 달리는 사람은 먼저 매를 맞아, 뒤따르는 사람들에게 교훈을 주는 희생양이 될 수도 있다.

판스치가 말했다.

"예전에는 사업을 크게 확장하는 것이 꿈이었어요. 하지만 곰곰이 생각해보니 사업을 크게 키우는 것이 본질이 아니더군요. 직원들이 큰 프로젝트를 마친 뒤에 쉬지도 않고 다른 프로젝트를 급하게 물색할 때 전 마음을 차분히 가라앉혀요. 급하게 서두른다고 일이 잘 되는 건 아니니까요. 쉬운 것과 어려운 것, 있는 것과 없는 것은 모두 상대적이잖아요."

빨리 달리는 것보다 중요한 것은 안정적으로 꾸준히 달리는 것이고, 외형을 크게 키우는 것보다 중요한 것은 지속적으로 이윤을 창출하는 것이다.

청나라 말기에 태평군이 남쪽 지방에서 봉기하자 정부는 반란을 신속히 평정하기 위해서 군대를 소집하고 무기를 정비했다. 하지만 성을 공격할 때 필요한 사다리나 무거운 무기를 실어 나를 수레가 부족하자 북쪽 지역의 상인들에게 군수물자를 대주면 전쟁이 끝난 뒤에 두 배로 보상하겠다는 공고를 냈다.

상인들은 너도나도 군수물품 담당자를 찾아가 뇌물을 주고 아는 인맥을 총동원해서 군수물자를 대려고 했다. 하지만 배를 만드는 어떤 상인은 무슨 꿍꿍이인지 다른 상인들이 서로 군수물자를 대려고 하는 것을 강 넘어 불구경하듯 쳐다보기만 했다. 보다 못해 친구가 말했다.

"자네에게는 목재도 많겠다, 일꾼들도 많겠다, 사다리 몇 개 만 드는 것쯤은 일도 아닐 텐데 왜 이러고 있나? 조정에서 돈을 두 배로 주겠다는데 이보다 더 좋은 기회가 어디 있어?"

그가 웃으며 말했다.

"좋은 기회이긴 하지만 만에 하나 돈을 못 받으면 헛수고가 아닌 가?"

친구가 의아해하며 말했다.

"조정에서 돈을 두 배로 주겠다고 약속했는데 못 받을 리가 있겠 나?"

"듣자 하니 조정이 부대에 보급품도 제때 못 줘서 군인들이 백성 들의 식량을 훔쳐 먹는다는데, 이런 마당에 조정이 무슨 수로 상인 에게 돈을 주겠나."

과연 배를 만드는 상인의 예상대로 서로 군수물자를 대지 못해 난리를 쳤던 상인들은 전쟁이 끝난 뒤에 영수증이나 상징적인 은자 만 받고 투자한 돈을 돌려받지 못했다. 상인들은 뒤늦게 자신들이 헛수고한 것을 깨닫고 조정을 원망했지만 그런다고 투자한 돈이 다 시 돌아오는 건 아니었다. 배를 만드는 상인의 친구도 그제야 자신 의 친구가 얼마나 현명했는지 깨달았다.

장사를 하는 사람들에겐 누구나 한 번쯤 좋은 기회가 찾아온다. 게다가 이런 기회들은 방금 결혼한 새색시마냥 예쁜 모습을 하고 눈앞에서 어른거리며 빨리 옷고름을 풀라고 유혹한다. 하지만 이럴 때일수록 침착하게 생각하고 냉정하게 판단해야 한다. 성급히 기회 를 잡았다간 영원히 헤어 나올 수 없는 늪에 빠질 수 있다.

171

어떤 기업들은 단순히 성장에만 목숨을 건다. 빠른 속도로 성장하면 기업도 빨리 발전할 것이라고 생각해서다. 하지만 부실한 기초를 토대로 이룩한 빠른 성장은 사상누각에 불과하다. 따라서 경쟁이 포화 상태에 이르면 성장 속도만 중시한 기업은 갑작스러운 위기에 흔들릴 수밖에 없다.

상인은 자기 페이스를 조절하는 방법을 배우고 모든 준비를 마친 뒤에 장사를 시작해야 한다. 미래에는 빨리 달리는 것보다 안정적으로 뛰는 사람이 끝까지 살아남는다.

연금술사의 충고

1. 사업가는 함정을 잘 피해야 한다. 모든 꽃이 향기롭고 모든 과일이 달콤한 것은 아니다.
2. 가끔은 2인자가 되는 것이 속 편하다. 1인자는 존경받아 마땅하지만 모든 1인자가 파이를 차지하게 되지는 않는다.
3. 자신 없는 일은 서둘러 시작하지 말라. 위험 여부를 따져야 하지 않는가?

포기하고 싶을 때 한 번만 더 해본다

해방 전의 거상인 위치아칭은 1867년에 푸룽산 밑자락의 어느 가난한 재봉사 집안에서 태어났다. 여섯 살 때 아버지를 여의고 어머니와 세 살짜리 남동생과 서로 의지하며 살았던 그는 가난 탓에 감히 공부할 엄두를 못 내다가 운 좋게 같은 마을에 사는 훈장 위민스의 눈에 띄어 공부를 시작했다. 위치아칭은 비가 와서 밖에서 일할 수 없을 때마다 서당에서 공부했는데, 이를 두고 후세 사람들은 위치아칭이 '우서雨書'를 읽었다고 말한다. 이처럼 어릴 때 고생한 경험은 훗날 그가 상하이에서 위세 등등한 인물로 성장하는 데 든든한 밑거름이 되었다.

열다섯 살 때 위치아칭은 상하이 뤼캉안료에 들어가 장사하는 법을 배웠다. 상하이 사람들은 위치아칭을 '맨발의 사업가'라고 부른다. 이 별명은 그가 상하이에 처음 왔을 때 마침 비가 억수같이 내렸는데, 어머니가 정성껏 만들어준 신발이 젖을까 봐 벗어서 품에 안고 맨발로 다녔던 데서 유래했다. 위치아칭은 뤼캉안료에서 일했던 12년 동안 무수한 아이디어를 내 보잘것없는 뤼캉안료가 치열한 경쟁을 뚫고 상하이탄에 뿌리 내리게 했다.

1903년에 위치아칭은 통휘전장을 차리고 몇몇 사람과 함께 스밍 은행과 닝샤오 선박회사를 세웠다. 당시에 청왕조는 내정이 부패하고 열강의 위협으로 형세가 매우 불안했다. 스밍 은행과 닝샤오 선박회사도 개업하자마자 기다렸다는 듯이 외국 상인들의 배척을 받았다. 하지만 위치아칭은 특유의 강인한 성격과 한정된 자금으로 스밍 은행과 닝샤오 선박회사의 위기를 무사히 넘겼다.

스밍 은행이 문을 열었을 때 상하이의 신문인 〈선바오申報〉는 이렇게 보도했다.

"문을 열자마자 스밍 은행은 저축을 하려는 사람들로 문전성시를 이뤘다. (……) 처음부터 상하이, 닝보 상인들과 금융업계의 든든한 지지를 받았다."

기꺼이 고생하고 포기하지 않는 정신으로 무장한 위치아칭은 큰 어려움이 닥쳐도 이를 악물고 이겨냈고, 이 과정에서 두터운 인맥을 쌓았다. 항일전쟁 땐 일제의 앞잡이가 되지 않고 후방에서 도로 수송을 계획하는가 하면 실질적으로 항일운동을 돕기도 했다.

중국 사람들은 역사적으로 고생을 안 해본 사람이 없을 정도로 힘든 사건을 많이 겪었는데, 고생을 겪어보지 않은 사람은 시련을 견디지 못하고 큰일을 이루지 못한다. 고난은 언젠가 지나간다. 고난은 일시적으로 자신을 테스트하는 것이므로 고난을 이겨내면 희망의 무지개를 볼 수 있다.

미국 SGMA가 작년에 전 세계에서 활동한 상인들의 이익률을 조사한 결과 화상華商의 이익률이 79.7%에 달하는 것으로 나타났다. 그러자 서양의 어떤 경제학자는 "중국 상인을 따라서 사업하면 손해 볼 일이 없다"고 말하며 중국 상인들의 높은 이익률에 감탄했다.

어려운 일이 생겼을 때 서양 사람들은 데이터를 분석해서 만약에 데이터가 "이봐, 헛수고 그만하지? 성공할 확률이 제로야"라고 말하면 깨끗이 포기하고 다른 목표를 찾는다. 하지만 중국 사람들은 결코 포기하지 않는다. 세상에 절대적인 것이 어디 있는가? 기회를 잡고 노력하면 반드시 좋은 결과를 얻을 수 있다.

미국 텍사스에서 가장 큰 전자대리점을 운영하는 황푸페이는 20년 전만 해도 날마다 경찰 단속과 깡패들을 피하기 위해서 휴스턴의 이 골목 저 골목을 전전하는 노점상이었다. 또한 야후의 창시자요, 미국 최고의 화상인 양즈위엔은 10여 년 전만 해도 날마다 컴퓨터실에서 열 두 시간씩 공부하는 학생이었다.

중국 상인은 정치적, 역사적인 이유로 뒤늦게 시장경제와 국제화 시대에 뛰어들었다. 하지만 중국 상인은 유태인처럼 상업적 후각을 타고난 데다 근로정신도 투철해서 유럽의 방직품, 아프리카의 목재산업, 가전제품, 완구, 의류시장 등 돈을 벌 수 있는 기회가 있는 곳마다 모습을 드러내며 시장을 빠르게 장막하고 있다.

고생하는 것을 두려워하지 말라. 고생한 사람만이 성공할 자격이 있다!

연금술사의 충고

1. 어려운 일이 생겼을 때 바로 포기할 생각이면 일찌감치 고향에 돌아가 집안일이나 돕는 편이 낫다.
2. 기꺼이 고생하면 결코 실패하지 않는다. 따라서 일시적인 어려움으로 의지를 잃어선 안 된다.
3. 포기하고 싶을 때 "마지막으로 한 번만 더 해보자"라고 말한다.
4. 사람들은 포기한 뒤에 비로소 자신이 성공을 코앞에 두고 있었다는 사실을 안다.

버는 능력, 쓰는 지혜

순자는 2천 년 전에 "자원이 풍부하고 아껴 쓰면 가난하지 않다"라고 말하며 검소함을 강조했다.

춘추시대 때 노나라의 귀족이요, 저명한 외교관이었던 계문자는 매우 부유했지만 관리로 있는 30년 동안 본인은 물론 가족까지 함부로 돈을 쓰지 않고 물건을 아껴 썼다. 평소에는 소박하고 깨끗한 옷을 즐겨 입었고 조복을 제외하면 변변한 옷가지도 몇 개 없었다. 또, 외출할 때도 요란한 거마를 타지 않았다. 그러자 중손타가 계문자에게 말했다.

"자네는 더망 높은 관리인데도 집에서 부인과 첩들에게 비단 옷을 못 입게 하고 말에게 좋은 음식을 안 준다고 들었네. 또 외모와 옷차림에 신경 쓰지 않으니, 만에 하나 다른 나라 사람들이 보고 비웃기라도 하면 나라 체면이 뭐가 되는가? '노나라는 고위 관리도 가난하게 사는구나' 하고 생각하지 않겠나? 그러지 말고 자네도 좋고 나라도 좋게 호화롭게 살게나.”

중손타의 말에 계문자가 엄숙하게 말했다.

“나라고 왜 호화롭게 살고 싶지 않겠나. 하지만 백성들을 보게. 삼키기도 어려운 음식을 먹고 다 떨어진 옷을 입고 사는 백성들이 이렇게 많은데 내 어찌 그럴 수 있겠나. 백성들은 배고픔과 추위에 벌벌 떠는데 집에 있는 여자들에게 꽃단장을 시키고 말에게 좋은 음식을 먹이는 건 관리의 양심에 어긋나는 일일세. 그리고 나라의 체면은 관리와 백성의 고결한 품행으로 서는 것이지 예쁜 부인이나 잘 먹인 말로 평가하는 게 아니네. 때문에 난 자네의 권유를 받아들일 수 없네.”

계문자의 말에 부끄러워진 중손타는 얼굴을 붉혔고 이후 진심으로 계문자를 존경했다.

‘플라스틱 왕’ 인 왕용칭은 스스로 노력해서 성공한 대표적인 인물이다. 타이완에서 ‘경영의 신’ 이라고 불리는 왕용칭은 수십 년의 노력 끝에 자수성가해서 타이완 상업계의 정신적인 리더가 되었다. 또한 리자청, 천비신과 함께 ‘3대 중화 재벌’ 로 손꼽힌다.

왕용칭은 견습공으로 일하며 모은 돈으로 열여섯 살에 쌀집을 차렸고, 부지런함과 끈질긴 노력으로 사업의 기반을 탄탄히 다진 뒤에 포모사 플라스틱을 세웠다. 포모사 플라스틱은 빠르게 성장해 100여 개의 계열사와 네 개의 주식회사를 거느린 타이완 최고의 기업이자 세계 굴지의 석유화학 기업으로 발전했다.

왕용칭이 말했다.

“1원을 절약하는 것은 1원을 버는 것이나 다름없다.”

왕용칭은 평생 다 쓸 수 없을 정도로 돈이 많았지만 검소하게 생활했다. 계문자처럼 유행이 한물 간 옷도 깨끗하고 멀쩡하면 개의치 않고 입고, 사업상 필요한 경우가 아니면 장거리 통화를 하지 않았다. 자녀들과도 쓸데없이 통화하지 않고 편지를 써서 소식을 주고받았다. 왕용칭의 검소함과 부지런함은 타이완 업계에서 모르는 사람이 없을 정도로 매우 유명하다.

사람들은 돈을 많이 벌면 명품 옷, 스포츠카, 해변의 별장 등 평소에 사고 싶었던 것을 사겠다고 말한다. 왜 사람들은 돈을 벌기는 어렵지만 쓰기는 쉽다는 걸 모를까? 동서고금을 막론하고 실패의 전주곡은 돈을 벌 때가 아니라 쓸 때 시작된다.

절약도 재테크이다. 불필요한 지출을 줄이고 부를 창조하는 법을 배우면 돈을 더 효과적으로 쓸 수 있다.

절약은 중국 사람들의 살림 밑천인 동시에 기업경영의 핵심이다. 세상에 돈을 많이 버는 상인은 많지만 함부로 쓰는 상인은 거의 없다. 돈을 버는 것은 능력이지만 쓰는 것은 지혜이다. 따라서 한 푼이라도 꼭 필요한 곳에 써서 돈의 가치를 최고로 발휘해야 한다.

> **연금술사의 충고**
> -
>
> 1. 절약은 인색하고 소심한 것이 아니라 자신을 엄격하게 통제하는 동시에 부의 진정한 가치를 알고 자신의 노동을 소중하게 여기는 것이다.
> 2. 돈을 벌려면 손님이 있어야 하지만 절약은 혼자서도 할 수 있다.
> 3. 돈을 요긴한 곳에 쓰려면 정신을 바짝 차려야 한다.
> 4. 기업을 키우는 것은 30년을 노력해도 쉽지 않은 일이지만 망하는 것은 한순간에도 가능하다.

남이 취하면 버리고, 남이 버리면 취한다

역발상 사고는 아무도 가지 않는 길을 가고 낡은 규칙을 깨고 발전하는 것이다.

사마천은 《사기 · 화식열전》에서 "이극은 토지 생산력을 중시했지만 백규는 사계절의 변화에 따른 물가 변동을 이용해 남이 버리면 취하고 남이 취하면 버렸다"고 말했다. 시장의 변화와 트렌드를 통찰한 뒤에 계절의 변화에 따른 물가 변동을 이용하면 좋은 기회를 잡고 돈을 벌 수 있다.

위문후가 백규에게 물었다.

"최근에 돈을 크게 벌었다는데 비법이 뭔가?"

백규가 대답했다.

"곡식을 수확할 때 보통 가격에 곡식을 대량으로 사들이는 동시에 견사와 견직물을 비싸게 팔고, 견사가 시장에 한창 나올 때 견사와 견직물을 보통 가격에 대량으로 사들이는 동시에 미리 사뒀던 곡식을 고가에 팔았습니다. 즉 남이 버릴 때 주워 모으고 남이 주워 모을 때 버렸습니다."

겉보기에는 백규가 시장에 역행한 것 같지만 실은 시장의 수요를 만족시킨 것이다. 《화식열전》은 시장의 변하지 않는 가장 기본적인 규칙을 알려준다. 또한 중국 고대 상인들의 재테크 사상을 엿볼 수 있으므로 곁에 두고 시간이 있을 때마다 보는 것이 좋다.

이처럼 남이 버리면 취하고 남이 취하면 버리는 것은 장사로 이윤을 남길 수 있는 방법으로 사마천이 꼽은 가장 기발하고 중요한 전략이다. 주식 투자를 할 때도 이런 역발상 사고가 필요한데, 많이들 알고 있는 격언처럼 사람들이 비관하며 주식 시장을 떠날 때 투자하고, 낙관하며 돌아올 때 떠나야 한다. 또한 사람들이 탐욕을 부릴 때 공포를 느끼고, 그들이 공포를 느낄 때 탐욕을 부려야 한다.

'주식의 신'인 워렌 버핏은 명실상부한 세계 최고의 주식 투자자이다. 그는 우량자산이 세일 가격으로 떨어져 아무도 쳐다보지 않을 때 저가에 대량으로 사들여 가치가 오를 때까지 보유한다. 피터 린치도 주식이 쌀 때 매수하고 투자자들이 흥분할 때 매도해 시세차익을 남긴다. 싸게 사서 비싸게 파는 것은 이익을 얻는 본질적인 규칙이요, 투자의 정석이다. 그리고 이것이 장사이다.

1997년에 아시아에 금융 위기가 닥쳤을 때 상하이의 투자 고수인 저우정이는 거금을 들고 홍콩에 건너가 창장, 허황, 장평 등의 우량주를 대량으로 매수하고 경기가 회복됐을 때 매도해서 큰돈을 벌었다. 그리고는 주식 시장에 이런 격언을 남겼다.

"사람들이 쳐다보지 않는 주식을 저가에 많이 매수해서 기다렸다가 비싸게 팔아라."

저우정이의 이 말은 "남이 버릴 때 취하고 남이 취할 때 버리라"는 백규의 말과 일맥상통한다.

어떤 마을에 두 명의 청년이 함께 산을 깎았다. 첫 번째 청년은 바윗덩어리를 쪼갠 뒤에 길가에 옮겨 집을 짓는 사람에게 팔았다. 이에 비해 두 번째 청년은 바위의 모양이 특이한 것을 보고 쪼개서 파는 것보다 통째로 파는 것이 낫다고 생각하고 바윗덩어리를 통째로 부두에 옮겨 항저우 상인에게 팔았다. 그때까지 많은 사람들이 산을 깎았지만 바위의 모양을 그대로 살려서 판 사람은 그가 유일했고, 3년 뒤에 그는 마을 최초로 기와집의 주인이 되었다.

훗날 산을 깎는 것이 금지되자 그는 산에 배나무를 심었다. 가을이 되면 온 산에 배가 탐스럽게 열려 팔방에서 상인들이 찾아왔다. 마을 사람들은 광주리에 배를 산더미같이 담아 베이징, 상하이의 대도시에 팔고 한국, 일본에도 수출했다. 이 마을의 배는 과육이 아삭아삭하고 달아서 소비자들에게 인기가 많았다. 그런데 사람들이 배를 팔아서 살림이 조금 넉넉해지자 바윗덩어리를 통째로 팔았던 청년은 갑자기 배나무를 모두 베고 버드나무를 심었다. 이유인즉 이 마을을 찾는 상인들은 좋은 배를 못살까 봐 걱정하는 것이 아니라 배를 가득 담을 광주리를 구하지 못해서 안달이었기 때문이다. 이후 그는 혼자 광주리를 팔아서 5년 뒤에는 마을에서 첫 번째로 시내에 집을 샀다.

뒤이어 마을에 철도가 들어서 북으로는 베이징, 남으로는 지우룽까지 갈 수 있게 되었다. 산골마을에 도시로 갈 수 있는 길이 열

리자 과수 농가들은 배를 가공품으로 만들어 시장에 팔기로 결정했다. 그런데 몇몇 농가가 모여 공장을 지을 때 그는 다시 배 과수원 옆으로 지나가는 철도를 따라 3미터 높이의 담장을 100미터가 넘는 길이로 쌓았다. 얼마 뒤 기차를 타고 이 마을을 지나는 사람들은 과수원에 탐스럽게 열린 배를 감상하는 동시에 담장을 따라 '코카콜라'라는 커다란 글자를 보게 되었다. '코카콜라'는 그 근방에서 볼 수 있는 유일한 광고였고, 그는 담장 덕에 해마다 4만 위안(약 680만 원)이라는 엄청난 이익을 얻었다.

90년대 말에 어떤 일본인 사업가가 탐방 차 중국에 와서 기차를 탔다가 우연히 이 광고를 보고 그에 관한 이야기를 들었다. 순간 상업적인 후각으로 좋은 기회를 감지한 일본인 사업가는 곧바로 기차에서 내려 그를 찾아갔다. 일본 상인이 찾아갔을 때 그는 건너편 상점 주인과 한창 싸움 중이었다. 가만히 싸움을 구경해보니, 그가 양복을 800위안에 팔 때 건너편 상점은 750위안에 팔고, 그가 다시 값을 내려서 750위안에 팔면 건너편 상점은 700위안에 팔아서 한 달 동안 건너편 상점이 양복 800벌 이상을 팔 때 그는 겨우 양복 여덟 벌을 팔았다는 것이었다.

일본인 사업가는 기대와 다른 그의 모습에 크게 실망했다. 하지만 잠시 후에 건너편 상점도 실은 그의 상점이라는 사실을 알고는 그의 지혜에 놀라움을 감추지 못했다. 마을에서 이렇게 판촉활동을 하는 사람은 그가 처음이었다.

낡은 규칙을 깨야 발전한다. 모든 사람들이 동쪽으로 갈 때 혼자 서쪽으로 가면 뜻밖의 수확을 얻는다. 시장에서 모든 사람들이 해야 한다고 생각하면 하면 안 되고, 하면 안 된다고 생각하면 좋은 기회이므로 반드시 해야 한다. 이것은 시장의 오랜 진리이다.

역발상 사고로 남이 버릴 때 취하고 남이 취할 때 버리면 아무도 가지 않는 길을 가서 사업의 기회를 얻을 수 있다. 버리고 취하는 것은 방법이요 형식이고, 시장의 객관적인 규칙에 따라서 일을 진행하는 것은 핵심이다. 남들이 미처 규칙을 알아채지 못할 때 알아보는 사람이 결국 기회를 잡고 시장의 주인이 된다.

연금술사의 충고

1. 남들이 비관할 때 시장에 진입하고 낙관할 때 떠난다.
2. 역발상 사고로 문제를 고려할 때 객관적인 규칙은 가장 중요한 근거가 된다.
3. 게임을 하는 사람 중에 20%만이 다른 사람들의 판단에 흔들리지 않고 답을 정확하게 예측한다.
4. 가장 정확한 판단은 종종 가장 엉뚱한 사람에게서 나온다.

다른 사람의 지혜와 능력을 이용한다

순자는 《권학勸學》에서 "군자성비이야, 선가우물야君子性非異也, 善假于物也"라고 말했다. 현명한 사람은 본인의 능력이 출중하지 않아도 다른 사람의 지혜를 이용해서 일을 성공적으로 마무리한다는 뜻이다. 사실 현명한 사람이 남보다 특별하게 똑똑해서 성공하는 것은 아니다. 단지 자신의 목표를 달성할 때 다른 사람의 장점을 이용할 줄 아는 것뿐이다.

타인의 장점을 본받고 이용하는 것은 결코 실패하지 않는 성공 법칙이다. 세상에 이용하지 못할 것은 없다. 인재, 기술, 공구, 측정기, 돈, 관리방법, 경영전략도 모두 이용할 수 있는 대상이고, 실제로 상인들은 이들을 이용해서 자신의 부족한 능력을 보완하고 부를 쌓는다.

유방이 한나라를 세우고 말했다.

"장막 안에서 작전 계획을 짜고 천 리 밖의 승패를 결정짓는 것은 자방이 했고, 백성을 보살피고 식량을 나눠주는 것은 소하가 있고, 백만 군과 싸워 이긴 것은 한신이 했으니, 난 그저 이 세 명의 인걸을 이용해서 천하를 얻었을 뿐이다. 하지만 항우는 유능한 범증이 곁에 있는데도 등용하지 않아 결국 중원을 잃었다."

결과적으로 유방은 세 인걸의 능력과 지혜를 최고 수준으로 관리해서 한 왕조를 세웠다.

그렇다면 왜 다른 사람의 능력과 지혜를 이용해야 할까?

지금은 인재 한 명이 만 명을 먹여 살리는 시대이다. 시장은 경쟁이 치열하고 숨은 실력자들이 많아서 여럿이 힘을 합치지 않으면 결코 좋은 기회를 잡을 수 없다. '백지장도 맞들면 낫다'는 속담처럼 자신의 힘에 다른 사람의 힘을 보태면 몇 배의 힘을 발휘할 수 있다. 지금까지 시장에서 성공한 상인은 모두 인재의 능력과 외부의 힘을 이용해서 자신의 이상을 실현했다. 이렇게 다른 사람의 능력을 이용하는 것은 매우 과학적인 방법이요, 성공의 법칙이며, 부자가 되는 지혜이다. 순자는 이렇게 말했다.

"수레와 말을 탄 사람은 뛰지 않아도 천 리를 가고, 배를 탄 사람은 물길을 몰라도 강을 건넌다."

서양에서도 다른 사람의 능력을 이용한 예가 많은데, "나는 그저 거인의 어깨에 서 있었다"라고 말한 뉴턴은 이전 과학자들의 연구 성과를 토대로 더 높은 목표를 추구해서 기존의 물리학 법칙을 새로 썼다.

멍니우 그룹의 성공은 인재의 능력을 이용하는 법칙을 제대로 이해하고 실행한 것과 무관하지 않다. 창업 초기에 멍니우는 남의 공장을 빌려 모의 실험을 한 뒤에 빠르게 시장을 개척했고, 홍보할 때에도 1위 그룹인 이리의 후광을 이용해 사람들에게 멍니우가 네이밍 구에서 둘째가는 유제품 브랜드라는 인식을 심었으며, 사회 자본을 이용해 자금을 모으는 과정도 건너뛰었다.

멍니우 그룹은 발전하는 전 과정에서 '이용'의 전략을 철저하게 구사하는 동시에 멍니우의 우수한 자원을 시장을 개척하고 기술을 개발하는 데 아낌없이 투자했다. 또한 원료공급, 생산, 운송 등의 자본집약형 업무를 외주업체에 맡기는가 하면 브랜드 이미지를 높이고 시장에서 영향력을 키워 중국은 물론 아시아에서도 유명한 기업으로 발전했다.

홍콩은 외국의 지혜를 빌리고 자국의 장점을 십분 발휘해서 아시아의 네 마리 용 중에 하나가 되었는데, 합작한 외국 기업의 브랜드 인지도와 판매망을 이용해서 중계무역을 한 결과 순풍에 돛단 배처럼 번영의 시기를 맞고 동양의 진주가 되었다.

타이완의 거부인 천용타이도 이렇게 말했다.

"현명한 사람은 다른 사람의 힘을 이용해서 자신의 목표를 달성한다."

다른 사람의 힘을 이용하는 것은 남의 닭을 빌려서 알을 낳고, 다른 사람의 힘으로 자신의 힘을 키우는 것과 같다. 똑똑한 상인은 다른 사람의 장점으로 자신의 약점을 보완하고 자원을 정비해서 막강한 경쟁력을 갖춘다.

성공학에서 '이용'은 핵심적인 지혜이다. 다른 사람의 힘을 빌리는 것은 탄탄한 인맥 그물을 만드는 것이나 다름없다. 다른 사람의 힘을 이용하면 없는 돈도 생기고 보잘것없는 배경도 든든해진다. 이렇게 든든한 인맥의 힘을 이용하면 성공의 연안에 쉽게 도착할 수 있다.

돈을 빌리는 것도 새 국면을 맞을 수 있는 좋은 방법이다. 장사를 하다 보면 본인의 재력으로는 해결할 수 없는 일들이 많은데, 이럴 때 융자나 대출 같은 제도를 이용하면 슬럼프에서 벗어날 수 있다.

다른 사람의 힘을 잘 이용하면 성공에 가까워진다!

연금술사의 충고

1. 사람의 힘을 평가하는 기준은 무거운 돌을 잘 드느냐가 아니라 많은 장수를 알고 있느냐이다.
2. 다른 사람의 지혜를 이용할 줄 모르는 사람은 좋은 아이디어가 있어도 주변에 도움을 청하지 않아 현실로 이루지 못한다.
3. 개인의 성과는 대부분 다른 사람의 지혜를 이용하고 도움을 받아서 이뤄진 경우가 많다.

주먹을 감췄다가 정확한 타이밍에 친다

잔꾀를 부리는 것은 보잘것없는 재주이고 정도를 지키는 것은 진정한 지혜이다.

옛날에 어떤 마을에 물이 부족하자 바보와 똑똑이가 우물을 파기 시작했다. 똑똑이는 땅을 조금 파보고 물이 안 나오자 바로 포기하고 다른 땅을 팠고, 거기에서도 물이 안 나오면 또다시 옆의 다른 곳을 팠다. 이에 비해 바보는 물이 안 나와도 포기하지 않고 우직하게 한 우물을 파서 결국은 물줄기를 찾았는데, 그때까지도 똑똑이는 물 한 방울 구경하지 못하고 온 동네를 헤집으며 여기저기 땅을 파고 있었다.

어떤 일을 할 때 지혜로운 사람은 겉으로 번지르르해 보이는 방법을 쓰지 않고 무위의 자연 상태에 들어간다. 때문에 본의 아니게 종종 바보라는 오해를 받는다. 하지만 진정한 지혜의 대가는 잔재주를 부리지 않고 모든 것을 자연스럽게 완성한다.

190

청나라의 문인인 정판교는 "난득호도(難得糊塗, 바보인 척하는 것은 어렵다)"라고 말했다. 이 말은 진짜로 어수룩한 바보가 되라는 뜻이 아니라 일시적인 싸움에 집착하지 말고 핵심적인 이익을 잡으라는 뜻이다. 눈앞에 실수를 유도하는 미끼가 어른거릴 때 덥석 물면 이도 저도 다 놓치므로 신경 쓰지 않는 것이 상책이다.

일상생활을 하다 보면 실제로는 교양 있고 똑똑하지만, 계산을 하며 사람을 만나기 싫고 사람들과 불필요하게 부딪히기 싫다는 이유로 세상의 모든 손해를 다 보고 다니는 사람처럼 어수룩하게 행동하는 사람들을 종종 만난다. 이런 이들은 놀림도 받고 이유 없이 헐뜯음도 당한다. 무식한 사람들은 이들이 놀림을 받고도 가만있으니 자신들이 똑똑한 줄 알지만, 실로 큰 지혜를 지닌 사람은 뛰어난 재능과 지혜를 쉽게 드러내지 않는다.

스스로 똑똑하다고 생각하는 사람은 다른 사람의 말투와 안색과 속마음을 살피고 논리정연한 말로 상대방의 기를 죽이는 것을 좋아한다. 하지만 주제를 구체적으로 파고들면 논점을 벗어나는 쓸데없는 말만 늘어놓아 결국 망신을 당한다. 이는 기교만 알고 이치에 어두워서이다. 이것은 개인 투자자가 밤새 주식을 연구한 뒤에 이튿날 실시간으로 주가를 확인하다가 매수의 적기라고 생각하고 투자했다가 손해를 보고 이러지도 저러지도 못하는 것과 같다. 밤새 주식 시장을 연구하고는 자신이 주식 시장에 대해서 뭔가 아는 것처럼 생각했지만 실은 기본적인 생리도 모르는 것이다.

진실로 현명한 사람은 사소한 갈등과 이해득실에 연연하지 않아 보통 사람의 눈에는 바보처럼 보인다. 하지만 훗날 최후의 승자가 되는 사람은 평소에 사람들에게 바보라고 무시당했던 사람들이다.

남송 임안성에 대를 이어 운영하는 주점이 있었다. 주인장이 부모에게 비법을 전수받아 빚은 술은 그 향과 맛이 기가 막혀 손님들이 끊이지 않고 찾아왔다. 그런데 어느 순간부터 주변에 주점이 하나둘 들어서더니 갑자기 손님들의 발걸음이 뚝 끊겼다. 다른 주점들이 경쟁적으로 술값을 내려서 손님들이 싼 술을 찾아 다른 주점으로 간 것이다.

손님을 모두 빼앗긴 주점은 수입이 줄어들어 유지하기조차 어려웠다. 술 한 잔 팔지 못하고 주점 문을 닫는 날이 많아지자 부인이 걱정스러운 얼굴을 하고 말했다.

"비법 고수하다가 산 입에 거미줄 치게 생겼어요, 여보. 우리도 이제 그만 고집 부리고 다른 집처럼 장사합시다."

그러자 주인장이 정색하고 말했다.

"술에 물을 타서 싸게 팔면 손님들이 찾아오겠지. 하지만 난 상도를 어기면서 장사를 하고 싶지는 않소."

주변의 모든 주점이 술에 물을 타서 팔았지만 이 주인장은 혼자 바보처럼 정직하게 술을 빚었다. 그러자 오래지않아 새로 옮긴 주점에서 그간 가짜 술을 마신 사실을 뒤늦게 알게 된 손님들이 다시 옛 단골집을 찾아 돌아왔다. 이후 주점은 좋은 술맛에 주인장의 정직한 상도덕까지 더해져 예전보다 더 많은 손님들이 찾아왔다.

예나 지금이나 어수룩한 행세를 하는 사람 중에는 여러 방면의 도리와 이치를 제대로 이해한 사람들이 많다. 다른 주점들이 몰래 술에 물을 타서 부당한 이익을 취할 때 혼자 바보처럼 집안의 비법을 고수한 주인은 당장은 손해를 봤지만 결국은 바보처럼 장사한 덕에 더 많은 이익을 얻었다. 때로 어수룩함은 이렇게 재물을 낳는다. 어수룩한 척하며 돈을 버는 것은 주먹을 감췄다가 정확한 타이밍에 힘 있게 치는 것과 같은 이치이다.

연금술사의 충고

1. 포레스트 검프 같은 투자자가 되라. 일시적으로는 놀림을 당하고 외로울지 몰라도 조금만 견디면 투자라는 장거리 마라톤을 안정적으로 달릴 수 있다.
2. 바보인 척하는 것은 주먹을 감췄다가 정확한 타이밍에 힘 있게 치는 기술이다.
3. 다른 사람이 뭐라고 하건 시기가 무르익을 때까지 기다려라. 날개에 힘이 없을 땐 냉정하게 기회를 기다려야 한다.
4. 바보인 척하고 기회를 기다려라. 알면서도 손해를 보면 무위의 도로 시장의 변화를 파악할 수 있다.
5. 겸손하고 친절하고 사람들에게 어짐를 집라. 지혜로우면서 어수룩하게 행동하면 재물이 저절로 생긴다.

더 많은 기회를 위해 일보 후퇴한다

《사기·손자오기열전史記·孫子吳起列傳》에 '선전자, 인기세이리도지善戰者, 因其勢而利導之'라는 구절이 있다. 전쟁을 잘하는 사람은 당시의 형세에 따라서 가장 합리적인 결정을 내려 모든 국면을 자신에게 유리한 방향으로 이끈다는 뜻이다. 나아가고 물러나는 것, 싸우고 화해하는 것은 모두 수단에 불과하다.

춘추시대 때 제나라가 국력이 세고 영토가 광활하고 군대가 강한 것에 비해 노나라는 군사력이 약하고 영토도 협소해서 제나라의 맞수가 되지 않았다. 기원전 684년 봄, 제나라의 제선공이 군대를 이끌고 노나라를 침략했다. 제나라 군대가 노나라 군이 반격하기 좋은 국자 모양의 지역에 진입했을 때 노나라 군은 바로 반격하지 않고 정전패(적에게 싸울 의사가 없다고 표시하는 팻말―옮긴이)를 높게 걸고 계속해서 진지를 지켰다. 이때 제나라 군대가 일거에 노나라 군대를 초토화시키기 위해 강한 힘을 앞세워 공격에 나섰다. 하지만 세 차례의 선공은 모두 소득 없이 끝났고 제나라는 많은 병사를 잃었다. 그나마 살아남은 병사들도 피로감이 누적돼 사기가 많이 떨어진 상태였다. 기회는 이때였다. 노나라는 제나라 군대에 손 쓸 틈도 주지 않고 밀물처럼 군대를 밀고 들어가 순식간에 제나라 진영을 쑥대밭으로 만들고 모든 상황을 종료시켰다.

시장은 전쟁터이고 상도는 병법과 같다. 기업을 경영하는 것은 전쟁을 지휘하는 것이나 다름없다. 기업들은 서로 더 많은 이익을 차지하기 위해서 치열하게 경쟁한다. 하지만 양쪽이 팽팽하게 맞서 승부가 나지 않을 땐 현실적인 상황에 맞춰 적당히 양보하는 것이 필요하다.

타협은 매우 현명한 상업예술이다. 타협은 약하고 불리해서 하는 것이 아니라 훗날 더 많은 이익을 얻기 위해서 우회 전략을 펴는 것이다. 한발 물러서서 관찰하면 라이벌의 약점을 발견하고 반격할 수 있는 힘을 길러서 기회가 무르익었을 때 라이벌을 쉽게 이길 수 있다. 조건이 좋아도 시기가 안 좋거나 앞날이 불투명할 땐 훗날 일보 전진하기 위해서 일보 후퇴해야 한다. 일보 후퇴, 즉 타협은 결코 패배를 인정하는 것이 아니며, 최소한의 대가를 치르고 문제를 원만히 해결하게 한다.

송나라 때 우씨 성을 가진 상인이 천신만고 끝에 목돈을 마련하고 성 안에 집을 한 채 장만하려고 했다. 이때 어떤 사람이 우씨에게 말했다.

"성 안 모처에 좋은 집이 있는데 은자 700냥이라고 하오. 곧 팔릴 거 같은데 당신이 빨리 가서 사시구려. 놓치면 후회할 거요."

우씨는 그 집을 둘러본 뒤에 은자 1천 냥에 사기로 결정했다.

우씨가 집에 돌아오자 부인이 답답해하며 말했다.

"700냥이면 살 집을 300냥이나 더 주다니, 손해가 너무 커요."

그러자 우씨가 웃으며 말했다.

"내가 300냥이나 더 주고 집을 산 건 다 그만한 이유가 있다오. 우리는 뒤늦게 그 집을 알았는데 웃돈을 주지 않고 그냥 700냥에 사면 먼저 그 집을 사려던 사람들이 집주인에게 얼마나 화를 내겠소. 300냥이나 더 줬으니 그들도 할 말이 없고, 집주인도 남는 장사라서 만족할 것이고, 앞으로 우리가 그 집에 가서 살아도 괜히 사람들 입방아에 오르내리지 않을 테니, 누이 좋고 매부 좋은 일 아니오?"

겉으로 보기에 우씨는 300냥을 손해 본 것 같지만 실은 300냥으로 구설수를 막고 좋은 주거 환경을 만들었다. 우씨의 조치는 당시의 형세에 따라서 가장 정확한 결정을 내린 선견지명이다.

현명한 상인은 현상을 보고 금세 본질을 파악할 뿐 아니라 치고 나갈 때와 빠질 때를 정확히 알고 타협해서 작은 이익이라도 챙긴다. 하지만 어리석은 상인은 거짓에 현혹돼 충동적으로 거래하고 무모하게 객기를 부리다가 결국 큰 손실을 입는다.

어떤 사업가들은 큰 프로젝트에 거금을 쏟아 붓고 모든 열정을 다 바쳐서 일하다가 갑자기 나타난 이름 없는 경쟁자에게 기회를 빼앗긴다. 좋은 기회를 못 잡았거나 거짓에 현혹돼 잠시 경영전략에 혼란이 생기면 이렇게 공을 들이고도 실패할 수 있다.

돈을 벌기 위해서 물불을 가리지 않고 그저 돌진했다가는 함정에 빠지고 두꺼운 벽에 부딪혀 상처를 입기 쉽다. 이럴 땐 생각을 바꿔 일보 전진을 위한 일보 후퇴를 하고 모든 상황을 자신에게 유리하게 만들어야 한다. 일보 후퇴해서 힘을 모으고 경험을 쌓으면 적시에 라이벌을 공격하는 좋은 기회를 얻을 수 있다. 시장은 과정보다 결과를 중시한다는 사실을 명심해야 한다. 기억하라. 가장 마지막에 웃는 사람이 승리자이다!

연금술사의 충고

1. 일보 후퇴하면 더 많은 기회를 얻는다. 한데 엉겨 붙어 싸울 때 상처를 입는 사람은 결국 자기 자신이다.
2. 자신에게 유리한 국면을 만들기 위해선 상황을 철저히 분석해서 최적의 선택을 내리고 원래의 계획을 융통성 있게 수정해야 한다.
3. 전진할 땐 속도에 박차를 가하고 후퇴할 땐 발걸음을 잽싸게 멈춰야 한다.
4. 선수를 쳐서 주도권을 잡으려면 조금도 실수해선 안 된다. 하지만 한 발 물러나 기회가 무르익기를 기다리면 일거에 상대방을 제압할 수 있다.

이익은 적게, 판매량은 많이

상인이 스스로 이익을 적게 취한다는 것은 말이 쉽지 실제로 실천하기는 어렵다.

이익을 얼마나 적게 취해야 박리라고 할 수 있을까? 모든 상품에 박리 원칙을 적용할 수 있을까? 있다면 어느 단계에서 적용해야 할까? 옛날부터 중국 상인은 박리 경영을 매우 중시하고 이익을 얻는 기초로 삼았다. 박리는 '인의仁義'와 상도에 부합한다. 때문에 박리를 추구하면 소비자의 인심을 얻고 오래도록 장사할 수 있다.

호설암은 약방인 호경여당을 경영할 때 원칙적으로 박리다매를 추구하고 손님을 속이지 않고 정직하게 장사했다. 또한 약방에 '노인과 아이를 속이지 않는다'라고 쓴 현판을 걸어 점원들과 후대 사람들이 수시로 경계하게 했다.

어떤 장사를 하건 이익은 손님으로부터 나온다. 따라서 최대의 이익을 얻으려면 손님을 최대한 많이 끌어 모아야 한다. 그럼 제한

된 시장에서 어떻게 하면 다른 상인보다 더 많은 고객을 유치하고 수입을 최대로 늘릴 수 있을까?

일단 제품이 비싸면 안 된다. 생활용품, 세제, 캐주얼 의류, 완구, 분유처럼 품질이 비슷비슷한 제품은 가격이 소비자들의 선택을 좌우하는데, 소비자들은 대부분 가격이 낮은 것을 구입한다. 이익을 조금 취하면 손님들이 많이 몰려 판매량이 늘고 판매 속도도 빨라진다. 이렇게 되면 단품으로 팔 때 덜 얻었던 이익이 모두 충당된다.

중국에서 화훼사업을 하는 천지 씨는 박리다매 방식을 통해서 자신의 판매량을 달성하고 묘목 판매의 달인이 되었다. 천지 씨는 예순 살이 넘었지만 여전히 운동화를 신고 바람처럼 전국을 누비고 다닌다. 그는 날마다 오전 6시 전에 일어나 하우스에 가서 직접 묘목을 둘러보고 주문 받은 것을 포장해서 오후에 배송한다. 주문량은 하루에 적게는 대여섯 트럭에서 많게는 열 트럭 이상이 되는데, 해마다 판매액이 꾸준히 늘어 2004년에 3280만 위안(약 55억 7600만 원)이었던 것이 2005년에 4628만 위안(약 78억 6760만 원)으로, 2006년에 다시 5200만 위안(약 88억 4천만 원)으로 늘었다.

천지 씨는 철저하게 박리다매를 추구한다. 다른 상인들이 고액의 거래만 취급하려고 할 때 그는 단돈 100위안이 안 되어도 기꺼이 주문을 받아서 꽃을 배송하는가 하면 영세 상인들이 판로를 찾지 못해서 경제적으로 어려워할 때 대신해서 자신의 거래처에 꽃을 팔아준다. 그만하면 수수료를 받아도 되지만 천지 씨는 운송비 외에는 단돈 1원도 받지 않았다.

심지어 천지 씨는 고객을 공급상에게 직접 소개시켜주기도 한다. 한번은 고객이 은행나무를 찾자 전문적으로 은행나무만 취급하는 상인에게 소개시켜줬는데, 거래가 성립된 고객이 고마운 마음에 200위안(약 3만 4천 원)의 수수료를 줬지만 역시나 거절했다.

천지 씨는 새로 화훼사업을 시작하는 상인을 도와서 두 달 동안 100만 위안(약 1억 7천만 원)이 넘는 묘목을 파는가 하면 이듬해에는 200만 위안(약 3억 4천만 원)이 넘는 꽃을 팔았다. 하지만 이때도 수수료 외에 어떤 대가성 돈도 받지 않았다. 다른 상인들은 도무지 그의 행동을 이해하지 못했지만 천지 씨의 수입은 나날이 늘었다. 그는 다양한 방법으로 꽃을 팔아서 자신의 영향력을 넓히는 한편 계속해서 새로운 고객을 확보했다. 지금 그의 고객은 전국적으로 넓게 퍼져 있으며 각 지역의 묘목업자들이 모두 천지 씨의 이름을 알 정도이다.

이렇게 박리다매 방식으로 장사를 한 천지 씨는 떼돈을 벌지는 못했지만 돈으로 살 수 없는 명성과 브랜드 가치를 얻었다.

미국에서 기업 관리의 아버지라고 불리는 조지 무어는 포드 자동차를 떠난 뒤에 동업자와 함께 포드 자동차를 전문적으로 파는 대리점을 차렸다. 하지만 이윤을 생각하지 않고 자동차를 팔다가 수지타산이 맞지 않아 파산 직전에 이르렀다. 이때 전 세계에서 포드 자동차를 가장 많이 판매하는 제임스가 무어에게 박리다매의 개념을 알려줬다.

"자동차 한 대에 230달러를 벌건 13달러를 벌건 계속해서 자동차를 파는 게 중요해요."

그는 무어에게 시간이 곧 이익이므로 무슨 일이 있어도 자동차가 대리점에 입고되고 열흘이 넘기 전에 팔라고 조언했다.

제임스의 조언을 따른 결과 몇 달이 지나지 않아 대리점이 다시 살아나기 시작했다. 상품의 가격을 내리는 것은 시장의 규칙에 순응하는 현명한 행동이요, 동서양을 막론하고 널리 통용되는 경영법칙이다.

연금술사의 충고

1. 박리다매는 모든 이익을 포기하는 것이 아니다. 일종의 수단으로서 도리어 이익의 증가를 가져온다.
2. 상품의 품질은 항상 우수해야 한다. 어떤 경우에도 가격을 낮춰 상품의 품질을 떨어뜨리는 악성 경쟁을 유발해선 안 된다.
3. 박리다매의 목적은 고객에게 브랜드 네임을 널리 알리고 고객의 마음을 사로잡아 재구매율을 높이는 데 있다.
4. 판매 속도는 생명이다. 판매량이 많지 않으면 박리다매 방식은 경영에 무거운 짐이 된다.

사소한 징후를 무시하지 않는다

《한비자 · 설림상韓非子 · 設林上》에 "성인견미이지맹, 견단이지말, 고견상저이포, 지천하부족야見微以知萌, 見端以知末, 故見象箸而怖, 知天下不足也"라는 말이 있다. 이 말은 사물의 싹을 보고 그것의 실체와 발전 추세를 알고, 사소한 일을 통해서 어떤 일이 일어날 것을 미리 예측해 불리한 상황을 바꾸거나 기회를 잡는다는 뜻이다.

나비효과를 아는가? 나비효과는 나비의 우연한 날갯짓 몇 번이 몇 주 뒤에 지구 반대편에서 회오리바람을 일으킬 수도 있다는 이론이다. 나비의 날갯짓이 주변 공기의 흐름을 바꾸고 미세한 기류 변화가 다시 주변 공기나 다른 시스템에 연쇄적으로 영향을 줘 최종적으로 커다란 변화가 일어난다.

따라서 사소한 변화라고 주의하지 않으면 나중에 커다란 문제가 발생한다. 사소한 일과 중대한 일은 대부분 밀접한 관계가 있다. 시장에서 많은 사람들이 투자에 실패하는 이유는 처음에 어떤 일을 결정할 때 사소한 징후들을 무시해서다. 사소한 징후를 무시하면 문제가 점점 커져 작은 불티가 끝내는 들판 전체를 태우는 결과를 초래한다.

산주 그룹은 탁월한 마케팅전략 덕에 3년이라는 짧은 시간에 판매액이 64배나 증가하고 기업 총자산이 80억 위안(약 1조 3600억 원)으로 늘어나는 등 건강제품 업계에서 독보적인 존재가 되었다. 하지만 한 노인이 산주 그룹의 약을 먹고 죽었다는 기사가 난 이후 15만 명의 직원을 거느린 공룡 기업은 하루아침에 망하고 말았다.

사건은 1996년으로 거슬러 올라간다. 천보순이라는 노인이 산주 그룹의 약을 먹고 갑자기 사망했다. 법원은 심리 끝에 산주 그룹의 손을 들어줬고, 법률적으로 매우 유리한 결과를 얻은 산주 그룹은 언론 보도에 크게 신경 쓰지 않았다. 하지만 언론보도에 신경 쓰지 않은 것은 중대한 실수였다. 기사는 신문 한편에 두부 크기만 하게 났지만 이 기사로 인해 산주는 13만 명의 직원을 해고하는 것은 물론 40억 위안(약 6800억 원)을 손해보고 지금까지 재기하지 못하고 있다.

어떤 문제가 생겼을 땐 일단 그것이 사소한 문제인지 중요한 문제인지 자세히 분석하고 구체적인 조치를 취해야 한다. 자세히 알아보지도 않고 사소한 문제라고 생각하고 그냥 넘기면 이것이 화가 되어 먼 훗날 돌이킬 수 없는 국면을 맞게 된다.

중국의 옛 상인들은 사소한 부분도 매우 중요시했는데, 사건의 떡잎을 보고 위기인지 기회인지 구분하기 위해서 정보를 철저히 분석하고 판단해서 가장 이상적인 조치를 내렸다.

자공은 동쪽 하늘이 연일 흐리고 구름이 많이 끼자 곧 장마가 올 것이라고 예상하고 비를 막을 수 있는 용품을 대량으로 사들였다. 그리고 얼마 뒤 예상대로 장마가 와서 심심치 않게 돈을 벌었다.

같은 시기에 곡물을 매매하는 상인인 진목은 잠들기 전에 개구리가 시끄럽게 우는 것을 이상하게 여기고 바로 창고로 달려가 곡식이 비에 젖지 않게 안으로 들이고 잠을 잤다. 그날 밤 마을에는 비가 억수같이 내렸다. 진목은 미리 조치를 취해서 손해를 보지 않았지만 개구리 소리를 그저 시끄럽게만 여긴 다른 상인들은 곡식에 곰팡이가 피는 등 큰 낭패를 봤다.

사소한 일이라도 어떤 일은 큰 화를 부르는가 하면 또 어떤 일은 큰 사업의 기회를 부르기도 한다. 따라서 상인은 단순한 정보에서 사업의 기회를 발견하면 신속히 반응해서 자신의 것으로 만들어야 한다.

작은 우산 공장을 경영하는 어떤 사장은 어느 날 직원들의 밀린 월급 문제로 고민하다가 해마다 중국에서 300만 명의 아이가 태어난다는 신문 기사를 읽었다.

순간 사장의 머릿속에 번뜩이는 아이디어가 스쳐 지나갔다. 해마다 아기가 300만 명이나 태어나면 앞으로 기저귀가 얼마나 많이 필요하겠는가? 한 아이가 하루에 기저귀를 두 장씩만 써도 하루 소비량이 500만 장이 넘고 국제적인 수요까지 더하면 기저귀 시장의 잠재력은 그 규모를 짐작할 수 없을 정도로 어마어마하게 크다는 생각이 들었다. 게다가 당시에 중국은 기저귀 공장이 많지 않아 후발업체도 충분히 승산이 있었다.

사장은 곧바로 기저귀 회사를 차리기로 결정하고 충분한 준비기간을 거쳐 회사를 세웠다. 몇 년 뒤에 그의 회사가 만든 기저귀는 중국은 물론 해외에서도 날개 돋친 듯 팔려 전체 시장의 30%를 차지하는 쾌거를 올렸다.

주식 투자의 왕 피터 린치는 평소에 길거리를 한가롭게 거니는 것을 좋아한다. 쇼핑을 하기 위해서가 아니라 시장을 관찰하기 위해서이다. 그는 시장에서 어떤 브랜드가 소비자에게 가장 많이 사랑받고 잠재력이 큰지 조사한 뒤에 그 기업의 주식을 매수한다.

"사업의 기회는 도처에 널려 있어요. 일상생활을 할 때 조금만 주의를 기울이세요. 그러면 누구나 부의 열쇠를 찾을 수 있습니다."

피터 린치의 말은 조그마한 조짐을 보고 전체의 추세를 꿰뚫고, 나쁜 것은 사소한 것이라도 제때 차단하라는 말과 일맥상통한다. 어떤 일을 결정할 때 사소한 부분도 놓치지 않고 다방면으로 생각하면 실수할 확률을 줄이고 성공할 수 있다.

연금술사의 충고

1. 정보를 접하고 신속히 반응하는 사람이 승리의 고지를 차지한다.
2. 나비 한 마리가 회오리바람을 일으킬 수 있다. 크게 실패하지 않으려면 사소한 일도 무시하지 않고, 무늬만 보고도 표범을 구분할 수 있는 능력을 키워야 한다.
3. 사업의 기회는 쉽게 찾기 힘들어서 자세히 들여다봐야 하지만, 의지만 있다면 무수하게 발견할 수 있다.
4. 사소한 부분을 중시하면 성공하고, 실수를 하지 않으면 마지막까지 살아남는다.

소를 잃고 나면 꼭 외양간을 고친다

《전국책戰國策》에는 "견토이고견, 미위만야. 망양이보뢰, 미위지
야見兎而顧犬, 未爲晚也. 亡羊而補牢, 未爲遲也"라는 말이 나온다. 토끼를
본 뒤에 사냥개를 풀고, 양을 잃은 뒤에 우리를 수리해도 제때 조치
를 취하면 늦지 않다는 뜻이다. 상인과 투자자는 종종 잘못된 결정
을 내린다. 하지만 과감히 실수를 인정하고 전략을 수정하면 나쁜
일도 좋은 일로 바꿀 수 있다.

옛날에 어떤 양치기가 아침에 일어나서 양을 풀밭에 풀어놓으려
고 보니 양 한 마리가 보이지 않았다. 짐작컨대 밤사이 늑대가 울타
리를 파고 들어와 잡아간 것이 분명했다. 이웃 사람들이 자기 일처
럼 안타까워하며 양치기에게 빨리 울타리를 손보고 구멍을 막으라
고 하자 그가 말했다.

"잃어버린 뒤에 손보면 뭐해요. 그런다고 양이 살아 돌아오겠어
요?"

이튿날 아침에 일어나니 양 한 마리가 또 없어졌다. 역시나 늑대 짓이었다. 양치기는 뒤늦게 후회하며 울타리를 고치고 구멍을 막았다. 그랬더니 더 이상 양이 없어지지 않았다.

잘못된 결정이나 계획에 따라서 투자하면 손실을 입는다. 하지만 제때 조치를 취하면 손실이 더 커지는 것을 막고 새로운 국면을 맞이할 수 있다.

어떤 기자가 성공한 유명 인사를 찾아가서 성공 비결을 물었다. 그러자 성공한 인사가 대답했다.

"제 성공 비결이요? 판단을 정확하게 내리는 거예요."

기자가 다시 물었다.

"무엇을 근거로 판단을 정확하게 내리시나요?"

"그야 경험이죠."

"그런 경험은 어떻게 쌓으셨나요?"

성공한 인사가 대답했다.

"잘못된 판단을 통해서지요."

'실패는 성공의 어머니'라는 말처럼 실패를 통해서 교훈을 얻지 않으면 훗날 성공을 장담할 수 없다. 잘못된 판단은 실패라는 쓰지만 소중한 경험을 안겨줘, 다시 도전했을 때 똑같은 함정에 빠지지 않고 더 빨리 정확한 판단을 내리게 한다.

투자의 귀재인 조지 소로스는 냉철한 두뇌로 자본의 규칙을 이해해서 큰돈을 벌었다. 하지만 끝까지 신의 가호를 받지 못하고 1987년에 '워털루 전투'에 휩쓸리고 말았다.

소로스의 재귀성 이론에 따르면 금융시장은 한 차례 호황기를 누리면 반드시 불황기가 찾아온다. 그런데 소로스는 관련 소식통을 통해서 일본의 주가 수익률이 이미 50%가 넘은 상황에서 일본의 은행과 보험회사들이 다른 일본 기업들의 주식을 대량으로 매수하고, 일부 기업들은 채권까지 발행해서 주식에 투자한다는 정보를 얻었다.

그러자 소로스는 머지않아 일본의 닛케이지수가 폭락할 것이라고 전망하고 매력적인 투자처로 미국 시장을 지목했다. 미국의 주가 수익률이 20%가 채 안 되고 저평가된 주식들이 많으며 일본의 주식 시장이 폭락해도 여파가 크지 않을 것이란 게 그 이유였다. 이렇게 해서 소로스는 1987년 9월에 도쿄에서 수십억 달러의 투자금을 인출해서 월스트리트로 옮겼다. 하지만 주가 폭락은 일본의 도쿄가 아니라 미국의 월스트리트에서 일어났다. 소로스가 중대한 판단 실수를 한 것이다.

1987년 10월 19일 월요일에 미국의 다우지수가 500포인트 넘게 빠지며 개장 이래 가장 많이 하락하는 초유의 사태가 벌어졌다. 소로스는 물론 다른 투자자들도 장기 투자를 예상하고 매수했던 주식을 모두 급하게 내던지는 바람에 다우지수는 하루 만에 20% 이상 폭락했다. 이후 미국의 주식 시장은 재난을 방불케 하며 몇 주간 더 하락했지만 일본의 주식 시장은 상대적으로 안정세를 보였다. 소로스는 19일 당일에만 2억 달러 이상을 손해 봤고 폭락장이 진정될 때까지 총 7~8억 달러 이상의 손실을 입는 등 주가 폭락으로 26.2%의 자산 손실을 입고 블랙먼데이의 최대 피해자가 되었다.

하지만 소로스는 냉정을 잃지 않았다. 전문 투자자로서 판단 실수는 모욕적인 일이지만 소로스는 도리어 다행이라고 생각했다. 사람은 누구나 상황을 잘못 판단할 수 있다. 소로스는 여기에 망연자실하지 않고 다시는 똑같은 실수를 반복하지 않기 위해서 자신의 실수를 인정하고 만회할 수 있는 방법을 연구했다.

이성적인 투자자는 금융 시장에서 무슨 일이 일어나도 결코 감정에 휘둘리거나 자책하지 않고 평온한 마음을 유지한다. 소로스가 말했다.

"투자가 자신의 뜻대로 되지 않아 궁지에 몰렸을 땐 이판사판으로 행동하지 않고 일보 전진하기 위해서 일보 후퇴하고, 작은 일부터 다시 시작해야 합니다."

누구보다 잘못을 감지하는 감각이 뛰어난 소로스는 시장에 대한 예측이 맞지 않자 기존의 관점을 바꾸고 문제점을 철저히 파악해서 재기를 노렸다. 이것이 소로스가 불안한 금융 시장에서 살아남은 비결이다.

찰나의 판단 실수로 거대한 손해를 봤을 때 자책하는 것은 문제를 해결하는 데 결코 도움이 되지 않는다. 소를 잃었으면 외양간을 고치는 것이 급선무이므로 과감히 자신의 잘못을 인정하고 시장에서 철수해서 손실을 최소화해야 한다. 일단 살아남아야 다시 일어날 수도 있지 않은가?

위대한 투자자는 시장에서 항상 승리하는 사람이 아니라 실패했을 때 실수를 인정하고 실패를 딛고 더 강하게 일어나는 사람이다.

연금술사의 충고

1. 실수를 두려워하지 말라. 사람은 누구나 실수한다. 소를 잃은 뒤라도 외양간을 고치면 실패를 딛고 성공할 수 있다.
2. 투자할 때 실수를 방지할 수 있는 대책을 세우고 상황에 맞게 계획을 신속하게 수정하면 뒤늦게 후회할 일이 없다.
3. 실수도 정확한 판단을 내리는 첫걸음이다.
4. 수업료의 금액과 실수를 대하는 태도만 달랐을 뿐 워렌 버핏도 조지 소로스도 모두 투자 실패를 경험하고 수업료를 지불했다.

썩은 사과는 미련 없이 버린다

《역 · 기제易 · 旣濟》는 "군자는 우환을 걱정하고 미리 방지한다"
고 말했고, 《악부시집 · 군자행樂府詩集 · 君子行》은 "군자는 미연에
예방한다"고 말했다. 사업을 하거나 재테크를 할 때 화가 닥치기 전
에 미리 대책을 세워서 이익을 보호하는 것은 매우 중요하다.

옛날에 어떤 비단 장수가 옷감을 파는 친구네 상점에 놀러갔다.
마침 친구가 외출중이라 그는 점원이 준 차를 마시며 친구를 기다
렸는데, 점원들의 행동에서 뭔가 석연치 않은 점이 느껴졌다. 원래
비단을 받으면 일일이 확인한 뒤에 장부에 기재하는 것이 정석이지
만 친구의 상점에서 일하는 점원들은 거래처 일꾼을 서둘러 돌려보
내고 비단을 들고 몰래 뒷방에 갔다가 한참 뒤에야 나왔다. 점원들
이 친구 몰래 꿍꿍이 수작을 부리는 것이 분명했다.

그날 저녁에 비단 장수는 친구와 함께 저녁식사를 하는 자리에
서 친구가 자리를 비운 동안 일어났던 모든 일들을 말해주며 점원

들을 새로 뽑으라고 충고했다. 그러자 친구가 말했다.

"이미 나와 함께 호흡을 맞춘 지 2년이 넘은 사람들일세. 모두 능력 있는 사람들이니 걱정하지 않아도 되네."

괜찮다는 친구의 말에 비단 장수는 자신이 괜한 사람들을 의심했다고 생각하고 낮 동안 본 점원들의 행동을 모두 잊었다. 하지만 반년 뒤에 비단 장수는 기어코 불행한 소식을 접하고 말았다. 친구가 점원들과 함께 남쪽 지방에 비단을 사러 갔다가 살해를 당하고, 수중에 지니고 있던 돈까지 모두 도둑맞은 게 아닌가!

장사를 하는 사람은 너무 소심하면 안 된다. 하지만 주변의 위험 요소를 그대로 방치하고 관리하지 않는 것은 독사를 정성껏 키우는 것과 같아서 어느 날 부지불식간에 물려서 죽을 수도 있다.

단체의 청렴도와 응집력은 투자를 결정하는 데 중요한 영향을 준다. 우주 비행선은 겉모습이 완벽해도 나사 하나가 잘못 끼워지면 제대로 작동하지 않아 폭발하는 비극이 일어난다. 술단지에 더러운 물이 한 숟가락 떨어지면 깨끗한 술도 졸지에 더러운 술이 되는데, 어떤 조직이건 꼭 이렇게 물을 흐리는 미꾸라지가 한두 마리씩 존재해 기업의 결정에 영향을 주고 일을 방해한다.

정직하고 유능한 사람은 혼란스러운 곳에 발을 들이면 어찌할 바를 모르다가 혼자 침몰하지만 인격도 재능도 없는 막돼먹은 사람은 고효율적인 기관을 순식간에 오합지졸로 만든다. 조직의 시스템은 의외로 취약한 부분이 많다. 그래서 암묵적인 타협과 용인을 통해서 쉽게 피해를 입고 오염된다. 솔직히 말해서 무에서 유를 창조하는 것보다 있는 것을 파괴하는 것이 훨씬 쉽지 않은가?

기업의 경영을 방해하는 직원은 사과 상자 안의 썩은 사과처럼 제때 처리하지 않으면 옆에 있는 사과는 물론 상자 안의 모든 사과를 썩게 만든다. 장인이 공들여서 도자기를 빚어도 어리석은 당나귀 한 마리가 날뛰면 1초 만에 산산조각 날 수 있다. 이렇게 버릇없는 당나귀 같은 직원은 능력이 뛰어나도 제대로 된 성과를 내지 못한다. 따라서 같은 팀이나 기업에 버릇없는 당나귀 같은 직원이 있으면 바로 쫓아내거나 경거망동하지 못하게 꼭 붙들어 매야 한다.

썩은 사과는 물통의 짧은 나무판과 같은데, 짧은 나무판 하나 때문에 물통 전체를 버리지 않으려면 짧은 나무판에 다른 나무판을 덧대서 길이를 늘이거나 아예 속 시원하게 짧은 나무판을 버리고 긴 나무판을 구하는 편이 낫다.

연금술사의 충고

1. 단체의 전투력은 기량이 가장 떨어지는 사람의 수준에 달려 있다. 따라서 기업의 방침을 결정하는 사람은 짧은 나무판 하나 때문에 물통 전체를 버리지 않게 주의해야 한다.
2. 쥐똥 하나가 죽 한 그릇을 망친다. 썩은 사과를 제때 골라내면 나머지 사과들이 썩지 않는다.
3. 단체의 이익과 정의를 지키기 위해선 물을 흐리는 미꾸라지를 반드시 내쫓아야 한다.

마음의 균형을 잃지 않는다

가난하게 사는 친구가 온종일 인상을 찌푸린 채 뭔가 말 못할 고민이 있는 것처럼 서성이자 철학자가 조용히 다가가서 물었다.

"자네, 마누라와 헤어지고 싶은가? 자네 부인은 얼굴도 못생기고 돈도 못 벌지 않나."

친구가 대답했다.

"짚어도 한참 잘못 짚었네."

"그럼 자식들이 속을 썩이나? 공부도 못하는 것들이 날마다 밥만 축내지 않는가?"

"그것도 아니네."

철학자가 계속해서 물었다.

"아! 알았다. 집을 부술 생각이구먼. 금방이라도 쓰러질 것 같은 그 집 말일세."

친구가 언성을 높였다.

"그 집을 부수면 난 어디서 사는가? 더욱이 멀쩡한 집을 뭣하러 부수는가."

그러자 철학자가 말했다.

"세상에 부인도 자식도 집도 절도 없는 사람들이 얼마나 많은데, 자네는 조금 부족하지만 그래도 현명한 부인도 있고 귀여운 자식도 있고 따뜻한 집도 있으면서 온종일 울상인가?"

사람의 기쁨과 슬픔은 돈이 아니라 마음에 달려 있다. 따라서 이상을 추구하는 것이 힘들고 어려워도 늘 평온한 마음을 유지해야 한다. 심리 상태가 불안하면 그만큼 잘못된 결정을 내릴 확률이 높아진다.

성공한 상인은 모두 마음이 평온한 철학가요, 사회와 인생을 꿰뚫어볼 줄 아는 도사이다. 마음이 평온하면 후회하지 않을 선택을 하고 시장에서 실시간으로 벌어지는 각종 상황에 융통성 있게 적응할 수 있다.

2년 전에 중국의 상하이지수가 폭등하자 많은 개미 투자자들이 고삐 풀린 망아지마냥 집안일과 직장 일을 내팽개치고 날마다 붉게 물든 주식 시세판만 뚫어지게 쳐다봤다. 심지어 주식에 중독된 투자자들은 밤 사이 미국의 다우지수가 오르나 떨어지나 두 눈으로 직접 확인하느라 새벽 늦게까지 잠을 자지 않고 깨어 있는 경우도 많았다.

하지만 최근에 주식 시장이 바닥을 깨고 지하실까지 내려가자 모두들 삶의 의욕을 잃고 절망의 수렁에 빠졌다. 한 종목에 '몰빵' 해서 전 재산은 물론 가족까지 잃고 자살하는 사람까지 속출했다.

이런 모습은 아무리 봐도 정상적인 투자 상태가 아니다.

부는 자신이 감당할 수 있는 범위 안에서 추구하는 것이 옳다. 또한 투자를 결정할 땐 기업을 구체적으로 분석해서 사양산업이나 도산 직전의 불량기업은 과감히 버리고 성장성이 높은 우량기업에 투자해야 한다. 냉정하게 분석하면 계속 보유해야 하는 주식과 당장 팔아야 하는 주식을 정확하게 판단할 수 있다.

사람의 본성 중에 가장 통제하기 어려운 욕망은 부에 대한 욕망이다. 투자와 재테크는 부에 대한 욕망을 극한의 방법으로 시험한다. 돈 욕심이 지나쳐 자기 자신을 통제하지 못하면 다른 사람도 피해를 입고 자기 자신도 피해를 입는다. 의와 이익 사이에서 균형을 잡고 스스로 욕심을 다스리자.

연금술사의 충고

1. 나보다 나은 사람에 비해 부족하고 못한 사람에 비해 남는 상태가 행복하다. 투자자는 현재의 상황에 만족하고 조바심의 불을 끄고 자신의 욕심을 다스려야 한다.
2. 부는 모두가 먹고 싶어 하지만 침만 꼴깍 삼키다가 마는 보기 좋은 커다란 케이크이다.
3. 평온한 마음으로 투자하면 수익이 난다.
4. 돈의 노예가 되지 말고 주인이 되라.
5. 투자하기 전에 마음을 차분하게 가라앉히는 것은 가장 안전한 투자를 위한 길이다.

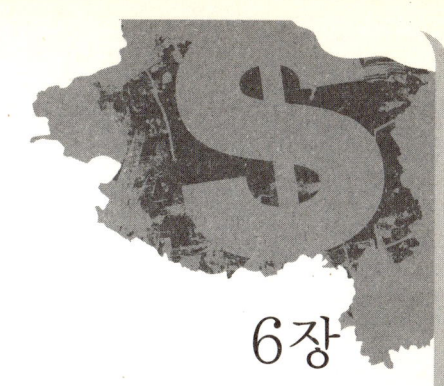

6장

중국의 연금술사

《사기》와 《한서》는 백규를 상업 이론의 비조라고 표현했다. 송진종은 백규를 가리켜 상업의 성인, 즉 상성이라고 칭송했고, 민간에서는 그를 '인간 재신'으로 떠받들어 사원을 짓고 공양했다.

중국 최초의 선비 출신 상인인 자공은 공문 72현 중의 한 명이고 본명은 단목사이다. 공자는 자신의 애제자였던 그를 가리켜 '호련지기'라고 말했다. 자공은 웅변을 잘하고 일처리에 뛰어나 노나라와 위나라의 재상을 지냈고 장사에도 능해 조나라와 노나라를 오가며 돈을 벌어 공자의 제자들 중에서 가장 부유했다.

노련한 상인들의 연금술 지혜를 배우면 돈을 버는 것이 매우 간단해진다!

중국 상업의 창시자
백규

백규는 기원전 370년에 태어나 기원전 300년에 죽었다. 이름은 단卅이고 동주 때 낙양 사람이다. 양혜왕 때 위나라의 관리를 지냈고 뒤이어 제나라와 진나라에서 관리를 지내는 동시에 장사를 했다. 백규는 노자가 도교의 창시자이고 공자가 유학의 창시자이며 노반이 건축과 목수의 창시자인 것처럼 역대 중국 상인들이 상업의 창시자라고 생각하는 인물이다.

백규의 일생일대의 업적은 상업 경영의 이론을 확립하고 실전 경험을 쌓은 것이다. 백규는 선진시대 때의 상업 이론가요, 당시의 대표적인 경제 전략가이고 투자자이다.

《사기》와 《한서》는 백규를 상업 이론의 비조라고 표현했다. 송진종은 백규를 가리켜 상업의 성인, 즉 상성이라고 칭송했고, 민간에서는 그를 '인간 재신'으로 떠받들어 사원을 짓고 공양했다.

백규와 범려는 모두 농업경제 순환설을 제기했다. 농업경제 순환설은 농업의 수확량과 기후가 밀접한 관계가 있다는 이론이다. 구체적으로 살펴보면, 12년을 주기로 첫해에 풍년이 들면 이후 2년 간 수확량이 줄고, 네 번째 해에 가뭄이 들면 이후 2년간 수확량이 늘고, 일곱 번째 해에 대풍을 맞으면 다시 2년간 수확량이 줄고, 열 번째 해에 가뭄이 들면 다시 2년간 수확량이 늘어난다는 이론이다. 그리고 이듬해에 다시 새로운 주기가 시작된다.

백규는 농업경제 순환설을 토대로 부를 쌓는 원칙인 치생治生의 기술, 즉 먹고 사는 기술을 제시하기도 했다.

서한의 사학자인 사마천은 《사기 · 화식열전》에서 백규의 상업 경영 이론과 실전 경험을 구체적으로 분석했는데, 내용은 이렇다.

- 백규는 때의 변화에 따라 물가의 변동을 살피는 것을 좋아해 생산 동향과 시장의 변화를 수시로 살폈다.
- 사람들이 버리고 돌보지 않을 때 사들이고, 사람들이 사들일 때 팔았다. 다시 말해서 풍년이 들면 곡식을 사들이는 대신에 실과 옷을 팔고, 흉년이 들어 고치가 나와 돌면 비단과 솜을 사들이는 대신에 곡식을 팔았다. 소비와 저축의 관계를 융통성 있게 이용하고 상품이 많고 적을 때와 계절 간의 가격 차이를 이용해서 이윤을 남겼다.
- 기후의 변화를 보고 상품이 많을지 부족할지 예측했다.
- 백규는 부유했지만 사치를 하지 않고 검소하게 경영하고, 시기를 잘 조율했다. 또한 거친 음식을 달게 먹고 욕심을 억제하는가 하면 검소한 의복을 입고 일하는 노복들과 고락을 함께하고, 시

기가 무르익으면 사나운 짐승과 새가 먹이를 낚아채듯이 재빨리 행동했다.

● 백규는 지모가 뛰어나고 결단력이 있었으며 속전속결로 일을 처리해 시기를 놓치지 않았다. 또한 '지智, 용勇, 인仁, 강强'을 장사의 요령으로 삼아 임기응변력과 결단력이 부족하고 인색하고 강단이 없는 사람에겐 경영의 도를 가르치지 않았다.

백규가 말했다.

"장사를 해서 부를 쌓으려면 강태공·이윤이 전략을 세우듯, 손빈·오기가 병사를 부리듯, 상앙이 법을 집행하듯이 해야 한다. 임기응변의 지혜가 부족하고 과감하게 판단하는 용기가 부족하고 얻었다가 다시 주는 어짐도 없고 원칙을 고수하는 강인함이 없는 사람은 내게 경영의 도를 배우고 싶어도 배울 수 없다."

백규는 정치에도 정통했다. 그는 중산국과 제나라를 두루 경험한 뒤에 국가가 존립하는 데 필요한 다섯 가지 조건이 충족되지 않아 장차 두 나라가 멸망할 것이라고 예언했다.

백규는 두 나라의 '신信, 명名, 친親, 재財, 공功'이 모두 쇠했다고 말했다. 신은 국가 존망의 가장 기초적인 요소이고, 명은 군주와 국가의 명성이고, 친은 사람의 마음이고, 재는 사회가 존재할 수 있는 기초적인 물질이고, 공은 공적을 세우는 것을 뜻한다. 그런데 중산국과 제나라는 나라가 신뢰를 잃은 지 오래고 평판이 나쁘며, 식량이 부족하고 왕이 백성들의 마음을 얻지 못하여 백성이 가난하고 나라가 시끄러웠다.

과연 오래지않아 중산국과 제나라는 백규의 예언대로 멸망했다. 백규의 '오진五盡' 론은 사실상 역대 왕조 통치자의 다섯 가지 통치 요소를 지적한 것인데, 그의 상업경영의 이론과 일맥상통하는 면이 있다.

공자에게 배운 대로 하여 부자가 된
자공

중국 최초의 선비 출신 상인인 자공은 공문 72현 중의 한 명이고 본명은 단목사端木賜이다. 공자는 자신의 애제자였던 그를 가리켜 '호련지기(瑚璉之器, 호련처럼 고귀한 인격과 능력이 있는 사람)'라고 말했다. 자공은 웅변을 잘하고 일처리에 뛰어나 노나라와 위나라의 재상을 지냈고 장사에도 능해 조나라와 노나라를 오가며 돈을 벌어 공자의 제자들 중에서 가장 부유했다.

사마천은 《사기·중니제자열전》에서 공자의 제자 중에 자공에 대해서 가장 많은 글을 남겼다. 이것은 사마천의 눈에 자공이 매우 비범한 인물로 보였음을 의미한다. 실제로 논어 등을 읽으면 자공이 보통 인물이 아니라는 것을 알 수 있다. 자공의 영향력은 공자의 다른 제자들이 능가할 수 없을 정도로 매우 크다. 또한 학문적으로 업적이 뛰어나고 교양이 풍부하며 정치와 외교 방면에도 재능이 뛰어났는데, 특히 재산을 불리고 장사하는 데 천부적인 재능이 있었다. 자공은 공자의 제자 중에서 배운 것을 가장 잘 실천했다.

공자는 《논어 · 선진論語 · 先進》에서 "회야기서호, 루공. 사불수명, 이화식언, 억칙루중回也其庶乎, 屢空. 賜不受命, 而貨殖焉, 臆則屢中"이라고 말했다. 이 말은 "안회는 도덕적으로 거의 완벽하지만 당장 끼니도 해결하지 못할 정도로 가난하다. 이에 비해 자공은 본분을 지키지 않고 시세를 예측해서 돈을 벌었는데 매번 예측이 맞아떨어졌다"는 뜻이다.

《사기 · 중니제자열전》에도 "자공호폐거, 여시전화자, 가루천금子貢好廢擧, 與時轉貨資, 家累千金"이라는 자공에 관한 글이 나온다. 자공은 싸게 사서 비싸게 팔고, 샀던 물건도 다른 사람에게 팔아넘겨 천금을 모았다는 뜻이다. 이 문장을 현대적으로 해석하면 자공은 시장의 변화에 따라서 싸게 사고 비싸게 팔아서 이익을 얻고 거부가 되었다는 뜻이 된다.

자공이 장사로 큰 성공을 거두자 사마천은 《사기 · 화식열전》에서 자공을 칭찬하는 장문의 글을 쓰고 자공이 경제 발달에 미친 영향을 높게 평가했다. 당시에 자공의 명성과 지위는 그의 스승인 공자보다도 높았다.

싸게 사고 비싸게 팔아 천금을 모은
여불위

여불위는 기회를 놓치지 않고 과감히 '하이 리스크 하이 리턴 (High risk – High return)'의 투자를 했다. 또한 다른 사람의 성공을 자신의 성공으로 여기고 기꺼이 남을 도왔을 뿐더러 형식과 배경에 구애받지 않고 인재를 선발했다.

여불위는 허난 푸양 사람으로 기원전 290~280년 사이에 태어나 기원전 235년에 죽은 전국시대 말기의 대표적인 상인이자 정치가요, 사상가이다.

양책(지금의 허난 성 위저우 시)의 대상인이었던 여불위는 전국 각지를 돌며 물건을 싸게 사고 비싸게 팔아서 천금의 재산을 모았는데, 특히 진기한 물건을 쌓아뒀다가 나중에 비싸게 팔기로 유명했다. 또한 진시황이 황제에 즉위하는 데 기여한 공을 인정받아 진나라의 상국을 지냈고 《여씨춘추呂氏春秋》를 썼다.

기원전 265년에 여불위는 사업을 키우기 위해서 조나라의 수도 한단에 갔다. 그는 한단의 복잡하고 화려한 모습에 매료돼 허구한 날 술독에 빠져 무희들과 놀면서도 본분을 잊지 않고 돈이 될 만한 물건을 부지런히 찾았고, 결국 이곳에서 훗날 막대한 이익을 안겨준 엄청난 '물건'을 찾았다.

당시에 진나라의 왕손인 영이인이 조나라에 볼모로 잡혀 있었다. 여불위는 수차례의 탐문조사를 통해서 영이인의 신분과 가족관계, 현재 처한 상황을 낱낱이 파악했다. 그리고 실의에 빠진 왕손을 눈으로 직접 보는 순간 그토록 찾아 헤맸던 보물이 지금 눈앞에 있다는 강한 확신이 들었다. 이때 여불위는 자신도 모르게 "진귀한 물건이구나. 사두면 나중에 비싸게 팔 수 있겠어"라고 말해 '기화가거 奇貨可居'라는 유명한 말을 남겼다.

여불위는 인생 최대의 사업을 성사시키기 위해서 집에 돌아와 아버지와 상의했다.

"아버지, 농사를 지으면 몇 배의 이익을 얻습니까?"

아버지가 말했다.

"열 배쯤 얻는다."

"보석을 팔면요?"

"백 배를 얻을 수 있지."

여불위가 또다시 물었다.

"아버지, 장차 나라를 세울 사람을 도우면 이익을 얼마나 얻을까요?"

생각에 잠긴 아버지가 잠시 뜸을 들이고 대답했다.

"그것은 헤아릴 수 없단다."

그러자 여불위가 결연하게 말했다.

"아버지, 농사를 열심히 지으면 배부르고 따뜻하게 먹고 사는 게 전부이지만 미래의 군주를 도우면 대대로 부자로 살 수 있겠네요? 미래의 군주를 돕는 일의 이익이 이렇게 크다면 기회가 있을 때 기꺼이 도와야겠어요."

여불위는 영이인이 진나라의 황제가 됐을 때 얻을 수 있는 막대한 이익을 기대하며 영이인이라는 상품에 장기 투자를 하기로 결정했다. 하지만 정치가 어디 간단한 일인가? 나라의 정세가 불안할 때 장사하다가 망하면 재산만 잃지만 정치에 실패하면 집안이 망하는 것은 물론 심하게는 9족이 멸할 수도 있었다.

여불위는 영이인이 진나라의 왕이 된 뒤에 진나라의 상업을 장악하고 무수한 재물을 모았지만 결국은 정치적으로 수세에 몰려 집안이 풍비박산 났고 본인은 끝내 독약을 먹고 자살했다.

여불위가 장기 투자의 개념을 이해하고 물건을 싸게 사고 비싸게 팔아서 상업적으로 큰돈을 벌고 성공했던 것에 비해, 정치적으로는 참담하게 실패하고 비극적인 최후를 맞은 것은 후대 사람들에게도 큰 아쉬움으로 남는다. 하지만 여불위가 모험에 가까운 투자를 했던 것은 자랑스럽게 여기고 본받을 만하다.

지금도 투자자들 중에는 여불위의 '기화가거' 원칙에 따라서 투자하는 사람들이 많다. 여불위는 포부가 크고 자신감이 넘치며 안목이 뛰어나고 생각이 깊었다. 또 창의적이고 수완이 좋았던 최고의 투자자인 동시에 동서고금을 막론하고 될 성 부른 인물에 투자한 최초의 벤처 투자자였다. 그는 뛰어난 장사수완을 밑천으로 정치에 뛰어들어 스스로 위험투자의 시조가 되고 중국 역사에 큰 발자취를 남겼다.

계산원에서 최고 부자가 된
호설암

청나라 말기의 홍정상인인 호설암은 전장과 약방을 경영하고 견사와 차 등의 상품을 거래하며 저장성 일대의 사업을 장악했다. 돈이 최고로 많을 땐 2천만 냥이 넘었고 그가 경영했던 약방인 호경여당은 지금도 여전히 손님들을 맞는다. 호설암의 인생은 한 편의 다큐멘터리와 같다. 호설암은 전장에서 계산원으로 일하다가 세도가와 친분을 맺어 부자가 되었고, 양무운동 때에는 서양의 기술자들을 중국에 초빙하고 근대적인 설비를 도입하는 공적을 쌓았으며, 좌종당이 태평천국군을 정벌할 때 군량미를 대주고 서양의 무기를 빌려줬다. 이렇게 해서 일개 전장의 계산원이었던 호설암은 순식간에 1품 관직의 홍정상인이 되었다. 호설암은 전장과 전당포를 바탕으로 금융 네트워크를 구축하는 동시에 약방을 경영했고, 서양 상인들과도 늘 당당하게 거래하며 화려하면서도 비장한 삶을 살았다.

호설암은 어릴 때 매우 가난해서 남의 집 소를 키우며 간신히 생

229

계를 이었다. 그러다 마을 사람들의 추천으로 항저우의 위씨 성을 가진 상인의 전장에 견습생으로 들어갔고, 사장의 눈에 띄어 대금 수금원으로 승진했다. 1860년, 자식이 없었던 사장은 죽기 전에 전장을 호설암에게 물려줬는데, 졸지에 전장의 주인이 된 호설암은 관리들과 친하게 지내며 항저우 최고의 상인으로 급부상했다.

1861년 11월에 태평천국군이 항저우로 밀고 들어올 때 호설암은 상하이, 닝보에서 무기와 탄약과 군량미를 사와 청나라 군에 공급했다. 그러자 저장 순무 좌종당은 호설암을 총관으로 임명해 저장성의 재정 및 군인의 급여와 보급품에 관련된 일을 도맡아 처리하게 했고, 이 과정에서 호설암의 부강전장은 막대한 이익을 얻었다. 또한 베이징 안팎의 많은 관리들이 호설암에게 돈을 맡겨 전장에 셀 수 없을 정도로 많은 은자가 쌓였다.

호설암은 좌종당이 상하이 채운국과 푸젠 선정국을 세울 때도 큰 도움을 줬는데, 중간에서 서양의 무기와 탄약을 대신 사주고 외국의 기술자를 초빙하며 많은 커미션을 챙겼다. 또한 관부의 도움으로 견사를 전문적으로 사고파는가 하면 차를 수출하고 금융시장을 독점하는 등 저장성의 상업을 쥐락펴락했다.

1872년에 부강전장은 양쯔 강 주변에 스무 곳이 넘는 지점을 냈고 자산규모가 2천여 만 냥에 달했으며 1만 묘가 넘는 경작지를 보유했다. 호설암은 좌종당을 도운 공을 인정받아 장시 후보도에 임명되고 황마괘를 하사받았다. 어엿한 관상이 된 호설암은 뒤이어 약방인 호경여당을 세웠다.

호경여당은 저장성의 명의를 고용해 옛날부터 전해 내려오던 처방과 경험을 종합해 휴대하기 편리하고 먹기 좋은 환산고단과 교로유주를 만들었다. 또한 전쟁이 빈번히 일어나고 전염병이 유행했던 당시의 상황을 고려해서 만든 호씨벽온단, 제갈행군산, 팔보홍영단 등의 약품은 군인과 일반 백성들에게 많은 사랑을 받았다.

호설암은 약방에 자신이 직접 쓴 '계기(戒欺, 속이지 말라)'라는 현판을 걸어놓고 직원들에게 약은 생명과 관계 있는 일이므로 정성껏 만들고 결코 속여서 팔면 안 된다고 교육시켰다. 산지에서 약재를 구입하고 농장에서 직접 사슴도 키웠던 호경여당은 중국의 의약산업이 발전하는 데 큰 원동력이 되었으며 지금은 모든 약을 종합적으로 제조하고 판매하는 규모 있는 한약방으로 성장해서 국내외로 명성을 날리고 있다.

1882년에 호설암은 상하이에 견사 공장을 차리고 은자 2천만 냥으로 중국의 모든 견사를 사들여 무역을 독점하려다 서양 상인들의 신경을 단단히 건드렸다. 당시는 세관과 해운업이 모두 외국인의 손아귀에 있어서 중국 상인이 직접 해외에 물건을 팔 수 없었는데, 외국 상인들이 똘똘 뭉쳐 중국 견사 불매운동을 벌이는 바람에 호설암은 이듬해 여름에 할 수 없이 1천만 냥을 손해보고 헐값에 견사를 팔아치웠다. 호설암의 재산이 반으로 줄고 돈줄이 막히자 부강전장에 돈을 맡겼던 관리들이 경쟁적으로 예금을 찾아가고 호설암을 핍박하기 시작했다. 결국 그해 11월부터 호설암의 사업체는 줄줄이 도산했고 호경여당도 다른 사람의 손에 넘어갔다.

뒤이어 서태후는 호설암을 파면하고 죄를 엄중하게 다스리라고 명령했다. 호설암이 부인과 첩과 하인들을 모두 고향으로 돌려보내고 뒷수습을 하고 나니 어느새 빈털터리가 되었다. 한때는 위풍당당했던 홍정상인에서 졸지에 지독하게 가난했던 원점으로 다시 돌아간 것이다. 하지만 그가 열과 성의를 다해 일궜던 호경여당은 지금도 '계기'와 '진불이가(眞不二價, 정직한 물건은 가격이 두 개가 될 수 없다)'의 전통을 지키며 항저우 허팡지에에 우뚝 서 있다.

호설암이 성공할 수 있었던 가장 큰 이유는 능력과 재능이 뛰어난 사람을 고용하고 적재적소에 배치한 것이다.

호설암은 인재를 알아보는 안목이 뛰어났다. 왕유령도 그 중에 한 사람이다. 도광년에 왕유령은 저장성의 염운사 자리를 예약해놓고 돈이 없어서 상경을 못하고 있다가 우연히 호설암을 만났다. 호설암은 한눈에 왕유령이 숨은 진주임을 알아보고 서둘러 베이징에 가서 관직을 매수할 수 있게 은자 500냥을 빌려줬다. 500냥을 들고 길을 떠난 왕유령은 톈진에서 하계청 시랑을 만나 그의 추천으로 저장 순무 밑의 양대총판이 되었다.

왕유령은 관리가 된 뒤에 호설암의 은혜를 잊지 않고 호설암이 부강전장을 차릴 수 있게 도와주고 각종 이권을 넘겨줬다. 왕유령의 직급이 올라갈수록 호설암의 장사도 번창해서 전장 외에 여러 개의 점포를 차렸다.

홍수전이 일으킨 태평천국운동은 호설암에게 일생일대의 기회를 제공했다. 태평천국군이 반란을 일으키자 호설암은 군대와 긴밀한 관계를 맺고 군수품 구입 및 운반과 관련된 일을 도맡아 처리했다. 또한 군수자금을 자신의 전장에 예치하고 다양한 사업을 벌여서 저장성 경제의 반 이상을 장악하고 훗날을 위한 사업 밑천을 두

둑이 챙겼다.

왕유령 외에 호설암이 벼락부자가 되는 데 큰 도움을 준 사람이 있으니, 좌종당이다.

1862년에 태평천국군에 저장성의 많은 도시가 함락되자 왕유령은 대들보에 목을 매고 자결했고 뒤를 이어 좌종당이 저장 순무에 부임했다. 이때 좌종당은 군량을 조달하지 못해 골머리를 앓았는데, 급히 기댈 산을 찾았던 호설암이 이 기회를 놓칠 리 없었다. 호설암은 한창 전쟁 중인 상황에서도 3일 만에 군량 10만 석을 준비해서 좌종당에게 자신의 능력을 뽐내고 신임을 얻었다.

이후 호설암은 관상의 신분으로 서양 상인들이 많은 닝보와 상하이 등지를 오가며 군량과 군수물자를 좌종당에게 공급하는 한편 외국인과 친분을 쌓고 외국의 관리들과 결탁해 좌종당을 위해서 서양의 총과 대포로 무장한 '상첩군'을 조직했다. 이 군대는 청나라 군과 연합해서 닝보, 펑다이, 샤오싱 등지를 공격했다.

좌종당이라는 든든한 산에 기댄 호설암은 죽창, 선당, 의숙을 세우는가 하면 파괴된 명승고적을 복원하고, 수십만 구의 시신을 수습하는가 하면 백성들이 다시 달구지를 편리하게 끌고 다닐 수 있게 전쟁으로 끊긴 도로를 정비했다. 또한 전쟁이 끝난 뒤에 통 큰 기부로 청나라의 재정 위기를 해결했다. 호설암의 명성과 신용이 높아지자 돈이 끊임없이 굴러들어왔다. 호설암은 청나라 군대가 저장성을 수복한 뒤에 장군들이 맡긴 크고 작은 약탈품들을 밑천으로 무역업을 시작했고 여러 도시에 상점을 내서 단 몇 년 만에 1천만 냥이 넘는 재산을 모았다.

호설암은 호경여당을 세워서 의술로 사람들을 구하는 한편 서양 상인들에게 대출을 받아 좌종당이 서역 정벌을 하는 것을 지원했다. 좌종당은 호설암의 든든한 지원을 받은 덕에 신장을 수복하고 10여 년간 신장에서 지속되었던 무함마드 야쿠브 베그의 야만적인 통치를 끝내는 큰 업적을 세웠다.

호설암은 성공한 뒤에 항저우 사람들을 위해서 많은 의로운 행동을 했다. 먼저 '상팔부(上八府 : 닝보, 샤오싱, 타이저우, 원저우, 추저우, 진화, 옌저우, 치우저우)'와 '하삼부(下三府 : 항저우, 후저우, 자싱)'에 사는 돈 없는 사람들도 첸탄 강을 안전하고 편리하게 건널 수 있게 공짜 배를 운행해서 '선량한 호대인'이라는 아름다운 별명을 얻었고, 산시, 허난 등지에 홍수와 가뭄이 났을 때 여러 차례에 걸쳐 거금을 쾌척했다.

1878년에 서역 정벌에 나선 병사들에게 약품을 기부한 것 외에 호설암이 전국의 재난 지역에 기부한 금액은 은자 20만 냥이 넘는다. 또한 이 일은 세간에 잘 알려지지 않았는데, 청나라가 양내무와 소백채 사건(양내무가 자신의 집에 세 들어 살던 소백채와 부적절한 관계를 맺고 소백채와 함께 그녀의 남편인 갈품련을 독살했다는 혐의를 받았던 사건. 양내무와 소백채는 고문 끝에 자신들이 독살했다고 거짓 진술했지만 훗날 검시를 통해서 갈품련이 병들어 죽은 것으로 밝혀져 양내무와 소백채는 사건이 발생하고 4년 만에 무혐의로 풀려나고 사건에 관련되었던 관리들이 줄줄이 직위를 박탈당하고 처벌받았다—옮긴이)으로 떠들썩할 때 호설암이 양내무의 처에게 돈을 지원해주고 자신의 명성을 이용해서 베이징의 고관들이 다시 사건을 파헤치게 해 가짜 재판 사건을 마무리하는 데 큰 역할

234

을 했다. 이밖에 일본에 두 차례 건너가서 유실된 중국의 문화재를 고가에 사들여오기도 했다. 이런 점으로 봤을 때 호설암은 실로 의협심이 뛰어나고 어질고 너그럽고 애국심이 투철한 상인이었다.

호설암은 자신에게 시원한 그늘을 만들어줄 큰 나무들과 적극적으로 어울리며 인맥을 쌓았고, 그 결과 왕유령의 도움으로 전장을 열었고, 좌종당이라는 커다란 산에 기대 호경여당을 개업하고 외채를 빌려서 사업의 전성기를 맞았다. 호설암은 비록 상인이지만 중국 역사상 보기 드물게 1품 관직을 하사받고 황마괘를 입었다. 이렇게 호설암은 정계 인물들의 보살핌 덕에 사업가로서 정상에 오르고 부귀영화를 누렸지만 결국 배후 세력 사이에 알력이 심해져 실패했다. 돈과 명예를 모두 가진 성공한 사업가에서 실패자의 나락으로 떨어지고 모든 사업이 부도 나기까지 단 며칠도 걸리지 않았다.

호설암이 실패한 표면적인 이유는 야심이 너무 컸기 때문이다. 호설암은 지나친 욕심에 사업을 무리하게 확장해서 전장에 유동성 부족을 일으키고 고객들이 예금한 돈을 모두 인출해 가는 사태를 불러왔다. 이 바람에 뒤이어 견사점과 호경여당도 줄줄이 문을 닫는 악순환이 일어났다. 하지만 실패한 이유를 깊게 파고들면 정치적으로 적대관계에 있던 인물들의 공격이 있었던 것을 알 수 있다. 호설암은 현명하게 관리들과 친분을 맺었지만 정치에 대해서 잘 모르는 바람에 좌종당과 이홍장의 정치 싸움에 희생양이 되었고 이홍장의 '좌종당을 제거하려면 먼저 호설암을 제거하고, 좌종당을 쓰러뜨리려면 먼저 호설암을 쓰러뜨려야 한다'는 전략의 대상이 되었다.

호설암은 드라마틱하게 일개 전장의 직원에서 청나라의 모든 사람이 다 아는 홍정상인이 되었다. 장사를 하면서도 인의를 실천하고 주어진 기회를 놓치지 않아 어마어마한 부를 쌓았다. 하지만 결코 자신의 근본을 잃지 않았다. 돈의 진정한 가치를 알고 선행을 베풀어 어려운 처지에 놓인 사람들의 영혼을 따뜻하게 어루만졌고, 나라의 근심거리를 외면하지 않고 좌종당이 태평천국군을 정벌하는 것을 도와 국토를 지켰으며, 기울어가는 청나라를 강하게 만들기 위해서 양무운동에 적극적으로 참여하였다. 이처럼 불멸의 공적을 남긴 호설암은 지금까지도 많은 중국인에게 존경받는다.

열여덟에 부장, 스물에 사장이 된
리자청

리자청은 1928년에 광동성 차오저우에서 태어났다. 아버지는 초등학교 교장이었지만 월급이 적어서 온 가족이 가난하게 살았고, 일본군이 중국을 침략하자 홍콩으로 피난했다. 1942년에 아버지가 돌아가신 뒤에는 어머니와 세 명의 형제를 부양하기 위해서 어쩔 수 없이 학교를 그만두고 생활전선에 뛰어들었다.

리자청이 가장 먼저 한 일은 장난감 제조회사의 판매원이다. 훗날 리자청은 판매원으로 일하며 쌓은 경험이 자신의 인생에 큰 영향을 줬다고 회고하며, 판매원은 반드시 자신감이 충만하고 제품에 대해서 속속들이 알아 고객이 제품의 품질과 가격의 우수성을 느끼고 제품을 구매하게 만들어야 한다고 말했다.

판매원이 된 리자청은 곧 회사에 없으면 안 되는 중요한 인물로 급부상했다. 근면함과 창의력을 바탕으로 뛰어난 판매실적을 올려 열여덟 살에 부장으로 승진하고 2년 뒤에 사장이 되었다. 그리고

2년 뒤에 평소에 먹고 입을 돈을 아껴서 모은 7천만 달러로 창장 플라스틱을 세웠다.

리자청은 1957년 봄에 성공에 대한 갈망과 선진기술을 배우고 싶다는 불타는 학구열을 안고 이탈리아 행 비행기에 몸을 실었다. 되는대로 작은 여관에 짐을 푼 뒤 백방으로 노력해서 당시에 세계 최고의 기술을 가진 회사의 주소를 어렵게 손에 넣고는 이틀 길을 마다하지 않고 찾아갔다. 하지만 리자청은 회사 문 앞에서 돌연 발걸음을 멈췄다.

만약에 리자청이 신제품의 제조 기술을 가르쳐달라고 하면 회사는 기술 보안을 유지하기 위해서 기술특허권을 구매하라고 할 것이 분명했다. 하지만 창장 플라스틱 같은 작은 회사가 무슨 큰돈이 있겠는가? 게다가 그 기술이면 세계 시장을 점령하고 떼돈을 벌 수 있는데, 기술특허권을 쉽게 내줄 리도 없었다.

리자청은 안타까운 마음에 속을 태우다가 한 가지 묘안을 생각해냈다. 마침 이 회사가 공장에서 일할 직원을 모집했는데, 리자청은 직접 지원해서 공장의 허드렛일을 하는 일꾼으로 취직했다. 규정에 따르면 여행 비자를 가진 사람은 취직할 수 없었지만 사장은 '아시아에서 불법 노동자인 주제에 감히 신고하겠는가' 하는 생각으로 리자청을 채용하고 월급도 다른 직원들의 반만 주었다.

리자청은 월급 따위 신경 쓰지 않고 묵묵히 폐품 원료를 깨끗하게 처리하는 한편 수레를 끌고 이 공장 저 공장 돌아다니며 모든 생산 공정을 똑똑히 봐뒀다가 일을 마치고 여관에 돌아가면 관찰한 내용을 하나도 빼놓지 않고 노트에 기록했다.

하지만 이렇게 해도 핵심 기술을 알 방법이 없었다. 결국 리자청은 휴일에 핵심 기술과 관련된 라인에서 일하는 노동자 중에서 친하게 지내는 동료들을 시내의 중국 레스토랑에 초대했다. 그러고는 자신이 머지않아 다른 회사에 기술직 노동자로 지원할 생각인데 아는 기술이 있으면 좀 가르쳐달라고 부탁했다. 그러자 뜻밖에도 동료들이 관련 기술에 대해서 하나 둘씩 털어놓았다.

마침내 플라스틱 조화의 배색 기술을 알아낸 리자청은 이탈리아의 여러 상점을 돌며 플라스틱 조화의 판매 상황을 알아보다가 수국화의 인기가 가장 좋다는 사실을 발견하고 수국화 샘플과 재료를 몇 박스 사들고 홍콩에 돌아왔다.

리자청은 침착하게 각 부서의 책임자와 핵심 연구원을 사무실에 불러 모으고 앞으로 플라스틱 조화를 주력상품으로 개발할 것이라고 선포했다. 그 후 리자청은 홍콩에서 누구보다 빨리 플라스틱 조화를 생산해서 틈새시장을 파고들었다.

시장의 규칙에 따르면 진귀한 물건일수록 가격이 비싸다. 하지만 플라스틱 조화는 만드는 과정이 복잡하지 않아 창장 플라스틱이 상품을 출시하면 다른 회사들도 모방상품을 내놓을 것이 분명했다. 이럴 바엔 아예 싸게 팔아서 홍콩의 플라스틱 조화 시장을 빨리 선점하고, 소비자들에게 창장이라는 브랜드를 각인시키고 플라스틱 조화 붐을 일으키는 것이 나았다. 과연 리자청의 판매 철학은 옳았다. 플라스틱 조화를 싸게 판매하자 홍콩 소비자들에게 날개 돋친 듯 팔려 안정적인 수익을 확보하게 되었다.

리자청은 1958년부터 부동산에 투자하기 시작했고 남다른 안목과 지혜와 전략으로 창장실업을 홍콩 최고의 투자기업의 반열에 올려놓았다. 1972년에 창장실업이 주식 시장에 상장될 때 65배나 많은 공모자들이 몰려 인기를 실감케 했다.

70년대 말에 리자청은 동년배 기업가들 중에서 가장 두각을 나타내기 시작했다. 1979년에 리자청은 오랜 역사를 가진 영국계 종합상사인 허친슨왐포아를 인수하고 최초로 영국계 종합상사를 인수한 중국인이 되었다. 뒤이어 1984년에는 홍콩전력의 대주주가 되었다. 리자청은 현재 창장실업의 이사장 겸 회장이자 허친슨왐포아의 이사장 직을 맡고 있다. 리자청의 기업은 1994년에 세금을 제외하고 28억 달러의 이윤을 남겼고, 1995년 12월에 창장그룹의 시가총액은 무려 420억 달러에 달했다.

2008년에 공개된 전 세계 500명의 부유한 화교 중에서 리자청은 전년보다 재산이 480억 위안(약 8조 1600억 원) 늘어난 2278억 위안(약 38조 7260억 원)으로 1위를 차지했다. 재산이 하루에 1억 3000위안(약 221억 원)씩 늘어난 셈이다.

리자청은 사람의 도리에 대해서 "사람의 도리는 일등의 지혜로 하고, 사업은 일류의 학문으로 하라"고 말했다. 이 말은 세상의 모든 사람은 현명하므로 그들이 나를 믿고 나와 어울리게 만들어야 한다는 뜻이다.

또 상인의 도리에 대해서는 좀 더 노력해서 경쟁에서 이기라고 말했다. 올림픽 육상경기에서 1등한 선수가 2등, 3등한 선수보다 월등하게 더 빠른 것은 아니다. 단지 0.1초 차이로도 등수가 엇갈리는 상황에서 결승선에 조금 더 빨리 들어왔을 뿐이다. 따라서 경쟁에서 이기려면 다른 사람들보다 조금 더 빨리 움직여야 한다.

리자청은 가난한 집안에서 태어나 반세기의 노력 끝에 놀라운 성공을 거두고 가난뱅이에서 상업계의 거목이 되었다. 리자청은 자신의 성공에 관한 얘기가 나올 때마다 사람들과 원만하게 어울리고 인재를 고용한 것이 성공의 비결이라고 덤덤하게 밝힌다.

빈손으로 사업을 시작한 리자청은 창장실업을 대기업으로 키우려면 반드시 인재를 채용해야 한다고 생각했다. 기업이 발전하려면 각 단계마다 서로 다른 관리체계를 도입하고 전문 인력을 채용해야 하는데, 당시에 창장실업은 그 어느 때보다도 인재가 절실하게 필요한 상태였다. 리자청은 창장실업에 신선한 피를 공급하기 위해서 여러 사람들의 만류에도 불구하고 창업 초기에 함께 고생한 동료들에게 퇴직을 권고하고 새로운 젊은 인재들을 대거 채용했다. 또한 자체적으로 인재를 양성하기 위해서 야간 교육반을 개설하고 노동자를 교육시키는가 하면 두각을 나타내는 직원은 유학을 보내 전문적인 지식을 배우고 돌아오게 했다. 리자청 본인도 가정교사를 초빙해서 각종 지식을 배우고 스스로 영어를 익혔다.

리자청이 새로 조직한 임원진에는 두뇌와 능력이 뛰어난 금융 전문가도 있고 부동산 투자의 고수도 있으며 혈기왕성한 젊은 홍콩 사람도 있고 전략적이고 과감한 서양 전문가도 있었다. 리자청은 이렇게 동양식의 가족경영을 철저히 지양했기에 지금과 같은 거대한 성공을 거뒀다. 리자청이 채용한 서양의 전문가는 서양의 선진 관리 경험을 창장실업의 관리제도에 도입해 조직을 경제적이고 과학적이며 고효율적으로 만들었다. 또한 창장실업이 서양 시장에 진출할 때 주도적인 역할을 했다.

인재 경영의 중요성을 누구보다도 잘 아는 리자청은 고비마다 인재를 과감하게 채용하고 꼭 필요한 곳에 배치해 능력을 마음껏 발휘하게 했다. 그 결과 창장실업은 지혜롭고 패기 넘치는 젊은이들과 일처리가 노련하고 생각이 주도면밀한 '인재' 들의 제국이 되었다.

리자청이 말했다.

"사람은 저마다 장점과 단점이 모두 달라서 자신의 장점을 잘 살릴 수 있는 곳에서 일하면 누구나 다 최고의 능력을 발휘합니다. 사람을 쓰는 것은 기계를 움직이는 것과 같은데, 어떤 기계가 500마력의 힘에 움직인다고 할 때 1마력은 500마력에 비해 보잘것없지만 기계가 움직이는 데 부분적으로 기여합니다."

4류 인재, 3류 관리, 2류 설비, 1류 고객의
궈타이밍

궈타이밍 홍하이 정밀공업 회장은 1950년 10월 8일에 태어났다. 본적은 산시성 저저우현 난링향 거완촌이고, 대표적인 산시 상인이다. 그는 홍하이의 성공을 "4류 인재, 3류 관리, 2류 설비, 1류 고객"이 함께 이룬 쾌거라고 생각한다. 궈타이밍은 2001년에 미국의 잡지 〈포브스〉가 발표한 억만장자 순위에서 198위를 차지했고, 이 듬해에 〈비즈니스위크〉의 '아시아의 별'에 선정되었다.

궈타이밍은 집안 형편이 어려운 탓에 1966년에 중국 해사 전문학교에 입학해서 일과 공부를 병행하고 병역을 마친 뒤에 푸싱 해운회사에 취직했다. 이후 1973년 2월에 친구와 함께 10만 타이완 달러를 투자해서 타이페이에 홍하이 정밀공업을 세우고 플라스틱 제품을 만들었다. 하지만 채 1년도 지나지 않아 경영 부진을 이유로 친구가 사업에서 손을 떼고 물러나는 바람에 궈타이밍 혼자 홍하이 정밀공업을 책임지게 되었다. 당시에 타이완에 막 흑백 텔레비전

열풍이 불기 시작하자 궈타이밍은 채널을 돌리는 손잡이를 제조해서 이익을 얻었다. 이때만 해도 홍하이 정밀공업은 자본금이 겨우 30만 타이완 달러에 불과하고 직원이 열다섯 명밖에 없는 매우 작은 기업이었다.

궈타이밍이 홍하이 정밀공업을 세웠을 때 목표는 단 하나였다. 타이완 제일의 기업, 아시아 제일의 기업, 나아가 전 세계 최고의 기업이 되는 것이다. 이 목표를 실현하기 위해서 그는 자신만의 경영철학을 만들었다.

궈타이밍은 먼저 고객을 선별한 뒤에 무작정 미국으로 떠났다. 그러곤 하루에 12달러짜리 자동차 여관에 묵고 52개 주 중에 32개 주를 돌며 세계적인 기업가들을 만나고 계약을 체결했다. 컴퓨터 영역으로 사업을 확대한 뒤에는 델, 인텔 등과 같은 세계 일류 기업들을 고객으로 확보했다. 또한 컴팩에 부품을 납품하기 위해서 아예 컴팩 본사 옆에 공장을 짓고 컴팩이 설계한 모형을 당일에 볼 수 있게 조치했다. 그 결과 컴팩과도 부품 장기 공급 계약을 맺었다.

세계적인 기업과의 관계를 더욱 공고히 하기 위해서 궈타이밍은 자신의 브랜드를 만들지 않고 계속해서 부품만 공급했는데, 이때 받은 주문서들이 지금의 홍하이 정밀공업의 기본 골격을 만들었다고 해도 과언이 아니다. 통계에 따르면 전 세계 컴퓨터 다섯 대 중에 한 대 꼴로 홍하이 정밀공업의 부품이 들어 있다.

모름지기 세계적인 기업을 공략하려면 홍하이의 실력도 강해야 한다. 궈타이밍은 믿을 것이라곤 숙달된 기술밖에 없는 환경에서 미친 듯이 일했다. 날마다 가장 먼저 출근해서 가장 늦게 퇴근하는 것은 기본이고 다른 직원들보다 최소한 한 시간씩 더 일했다. 장거리 출장을 다녀오면 비행기에서 내리자마자 바로 회사로 달려가 밤 늦게까지 손에서 일을 놓지 않았다.

홍하이 정밀공업의 성공비결은 직원들이 고객에 대한 서비스 품질을 높이는 것을 최우선 과제로 삼으라는 사훈을 수시로 가슴에 새기며 일한 것에 있다. 궈타이밍은 첨예한 경쟁이 벌어지는 과학기술 분야에서 살아남기 위해서 CMM 운행 방식을 창조했다. CMM 운행 방식은 부품을 신속히 만들고 조립하고 배송하는 것을 가리킨다. 이렇게 하면 저자본 고품질의 부품을 마감일에 맞춰 납품할 수 있다.

궈타이밍은 규율을 매우 중시해서 기업을 군대처럼 엄격하게 관리한다. 또한 더 높은 이익을 얻기 위해서 직원들 간에 상벌을 정확하게 구분해 뛰어난 성과를 보인 직원이나 연구원에게 아끼지 않고 거액의 보너스를 준다. 홍하이 정밀공업은 해마다 연말이면 전 직원이 다 같이 식사를 하는데, 이 자리에서 지급되는 보너스 금액만 수억 타이완 달러가 넘고, 1등 보너스는 수천만 타이완 달러에 달한다.

궈타이밍은 경쟁상대를 적으로 생각한다. 그래서 타이완 과학기술계는 모두 그를 '효웅', 즉 사나운 인물이라고 부른다. 이때문에 홍하이 정밀공업은 최근 몇 년간 높은 배당금으로 투자자들에게 인기가 좋았지만 업계 사람들에게는 궈타이밍과 홍하이의 이미지가 그리 좋은 편은 아니다.

궈타이밍이 훙하이 정밀공업을 세운 지 벌써 30년이 넘었다. 그 사이 기업의 시가 총액은 30만 타이완 달러에서 30억 타이완 달러로 증가했고, 그의 몸값도 23억 달러로 늘었다. 하지만 궈타이밍은 창업 초기에 고생했던 기억을 잊지 않고 여전히 자신에게 엄격하고 인색한 것으로 유명하다.

압박과 격려로 세계적인 기업체로 키운
왕용칭

왕용칭 포모사 플라스틱 회장은 타이완의 일개 플라스틱 기업을 전 세계 50위 안에 드는 세계적인 화학공업 업체로 키운 전설적인 인물이다. 타이완의 사업가로서 이렇게 대단한 성과를 거둔 것은 인재를 과감히 채용한 것과 관계가 있다. 왕용칭은 사람을 체계적으로 쓰면서 '압박하는 관리'와 '격려하는 관리'의 두 가지 관리방법을 고안해냈다.

왕용칭이 경영에 성공한 비결은 총 여덟 가지이다.

첫째, 문제의 진상이 밝혀질 때까지 끝까지 근원을 밝힌다.
둘째, 결과를 따지지 않고 근본을 지키고 합리적으로 추구한다.
셋째, 상황이 어려워도 기회가 올 때까지 기다린다.
넷째, 기초부터 성실하게 일하고 한걸음씩 착실하게 나아가면 성공의 기회를 많이 얻을 수 있다.

다섯째, 학력이 반드시 실력과 비례하지는 않는다. 실전 경험을 풍부하게 쌓으면 많은 성공의 기회를 얻을 수 있다.

여섯째, 직원들에게 꼭 맞는 관리 제도를 만들어 잠재력을 최대한 발휘하게 한다.

일곱째, 고객이나 판매인에게 싸고 좋은 원료를 제공하면 기업도 발전한다.

여덟째, 매매는 상호 의존적인 것이라서 고객이 이익을 봐야 본인도 최대의 이익을 얻을 수 있다.

왕용칭은 1916년에 타이완의 타이페이에서 태어났다. 본적은 푸젠성 안시현이고, 아버지 왕창경은 매우 가난하여 차를 심어 생계를 이었다. 그는 열다섯 살 때 초등학교를 졸업하고 차밭에서 일하다가 훗날 작은 쌀가게에서 일했다.

이듬해에 왕용칭은 아버지에게 200위안을 빌려서 본인이 직접 쌀가게를 차렸다. 1954년에는 포모사 플라스틱을 세우고 철저한 '압박과 격려'의 관리 제도를 통해서 아홉 개의 계열사와 미국의 지점을 거느린 '왕 중 왕'의 대기업으로 키웠다. 1984년에 포모사 플라스틱의 자본금은 45억여 달러에 달했고 영업액은 30억 달러가 넘어 타이완 국민총생산액의 5.5%를 차지했다. 이 수치는 타이완에 있는 민간기업 중에서 가장 높은 수준이었다.

왕용칭은 타이완 최고의 갑부요, 전 세계 화학공업 분야에서 가장 영향력 있는 50인의 인물 중에 한 명이다. 포모사 플라스틱과 존망을 함께 하는 하청업체가 1500곳이 넘으며 타이완에서 유일하게 전 세계 50대 기업에 드는 기업이다.

왕용칭은 포모사 플라스틱의 성공에 대해서 만약에 타이완이 국토가 넓고 자원이 풍부해서 포모사 플라스틱을 합리적으로 경영하지 않아도 국제적으로 생존하고 발전할 수 있었다면 지금처럼 포모사 플라스틱이 PVC 기술과 2차 가공 분야에서 세계 최고가 되지 못했을 것이라고 말했다.

또한 공업혁명과 경제 선진국이 온대지역에 분포한 이유는 기후조건과 생활조건이 열악해서 따로 먹고살 길을 찾지 않으면 안 되는 압박 조건 때문이라고 말하며, 일본이 땅이 척박해서 농사를 짓지 못해 공업이 발달했듯이 타이완도 더 이상 물러날 곳이 없는 압박 조건 때문에 공업이 발전했다고 말했다. 왕용칭의 설명에 따르면 포모사 플라스틱이 수천 억 타이완 달러의 영업액을 내는 어마어마한 기업으로 성장한 것은 모두 타이완의 열악한 지리적, 기후적 조건을 이겨낸 성과였다.

왕용칭은 이런 환경을 놓치지 않고 기업 경영에 도입해 '압박 관리'를 고안해냈다. '압박 관리'는 직원들에게 일부러 스트레스를 주는 관리를 가리킨다.

이에 비해 '격려 관리'는 직원들을 후하게 격려하는 것을 가리키는데, 포모사 플라스틱의 보너스 중에 가장 유명한 것은 연말 보너스와 연구 성과에 따른 보너스이다. 왕용칭이 임원에게 비공식적으로 주는 보너스는 '또 다른 봉투'라고 부르는데, 이는 다시 내부에서 통상적으로 주는 것과 특수한 공을 세운 임원에게만 주는 것으로 나뉜다.

일반 직원들은 이윤을 창조해서 함께 나누는 방법을 쓴다. 포모사 플라스틱의 직원들은 자신이 열심히 일하면 그만 한 대가가 따르는 걸 잘 알기에 모두 최선을 다해서 적극적으로 일한다.

두 가지 관리방법 외에 왕용칭은 인재를 선발하고 활용하는 데에도 일가견이 있다. 그는 인재는 종종 자신의 주변에 있는 경우가 많다고 생각하고 기업 내부에서 인재를 찾는다. 왕용칭이 말했다.

"인재를 찾는 건 그리 어렵지 않아요. 관리자가 기업을 잘 관리해서 기업이 정상적으로 돌아가고 직원들이 각자 맡은 일을 성실히 수행하고 임원 중에 사람을 볼 줄 아는 '백락'이 있으면 인재는 쉽게 발굴할 수 있어요. 기업을 내부적으로 건전하게 하는 것이 인재를 선발하는 가장 좋은 방법이에요."

왕용칭은 기업가라면 응당 어느 부서에 어떤 인재가 필요한지 알아야 한다고 지적했다. 예컨대 A라는 부서는 자본을 분석하는 회계원이 부족하고, B라는 부서는 프로그래머가 부족하고, 또 다른 부서에는 어떤 문제가 있는지 속속들이 알아야 한다. 인재를 채용할 땐 일의 성질과 조건을 확실하게 파악하고 어떤 인물이 그 일에 가장 적합한지 고려해서 최적의 인재를 찾는 것이 중요하다. 그는 말한다.

"어떤 사물을 집중해서 연구하는 사람은 중요한 순간에 다른 사람들의 성과를 보고 영감을 받아서 자신의 연구를 완성해요. 하지만 건성으로 연구하는 사람은 백날 다른 사람들의 성과를 봐도 아무런 소득이 없어요. 기업가도 마찬가지예요. 스스로 분석하고 추구하는 목적을 정확하게 아는 기업가는 어떤 인재를 찾아야 하는지

250

잘 알아요. 하지만 그렇지 않은 기업가는 인재를 찾을 수 없거니와 찾아도 제대로 활용하지 못해요. 그래서 인재가 기업가와 몇 마디 대화를 나눈 뒤에 기업에 희망이 없다고 생각하고 떠나거나 당장은 일을 해도 머지않아 기업의 제도에 실망하고 떠나게 됩니다."

왕용칭의 이념에 따라서 포모사 플라스틱은 직원이 부족하면 적임자를 외부에서 찾지 않는다. 내부에 적합한 인물이 있는지 알아보고, 부서를 이동시켜 서로 협조해서 문제를 해결하게 한다.

직원을 내부적으로 충원하면 두 가지 점이 좋다. 첫째는 인력이 남아도는 부서의 직원을 부족한 부서에 보내 인력 문제를 해결할 수 있고, 둘째는 이미 기업의 분위기에 익숙하므로 교육시간을 줄일 수 있다. 일에 권태감을 느끼거나 적성이 안 맞는 직원이 부서를 바꾸면 자신의 숨은 능력을 발견하고 제 능력을 발휘할 수 있으며 기업의 지나친 분업화와 경직화 등의 현상이 사라진다.

소 키우다 최고 유제품 기업을 이룬
니우건셩

"그는 우직한 소지만 화살처럼 빠르다!"

이것은 2003년에 중국의 CCTV가 '올해의 경제 인물' 이라는 프로그램에서 니우건셩에게 상을 주며 한 말이다.

2004년 말에 니우건셩은 자신의 모든 주식을 기부하고 '니우건셩 재단' 을 세웠다. 개인이 전 주식을 기부해서 재단을 세운 것은 중국 본토는 물론 전 세계 중국인 중에서도 니우건셩이 최초다.

니우건셩은 1999년에 '삼무三無' 상태, 즉 공장도 없고 자원도 없고 시장도 없는 상태에서 멍니우 유업을 세웠다. 하지만 지금 멍니우 그룹은 방대한 공장과 세계적인 규모의 목장을 운영하고 중국에서 가장 많은 양의 우유를 판매하는 큰 기업으로 우뚝 섰다.

멍니우는 놀라운 속도로 성장하며 중국 기업계의 이목을 끌고 수차례 신기록을 달성했다. 중국 성장 기업 100관왕을 차지하는가 하면 중국 유제품 기업 중 경쟁력 1위를 차지하고, 중국에서 최대

규모의 목장을 보유하는가 하면 중국 최초로 우유를 짜는 로봇을 도입했으며, 중국 유제품업계 중에 최대 규모로 농업의 생산화를 주도하고 있다. 또한 단품 판매로 전 세계에서 유제품을 가장 많이 판매하고, 중국에서 우유를 가장 많이 판매한다. 멍니우 그룹은 중국의 유제품 기업 중에 최초로 해외의 주식 시장에 상장되었고 2004년에 IPO(기업공개)를 통해 브랜드의 가치를 높였다.

니우건셩은 1958년에 어머니의 뱃속에서 채 10개월이 되기 전에 태어나 50위안에 니우 성을 가진 사람에게 팔렸다. 소를 키웠던 양아버지 덕분에 니우건셩은 어릴 때부터 소와 뗄 수 없는 인연을 맺었다. 친자식이 없었던 양부모는 불우하게 태어난 양아들이 자신의 가정에서 뿌리를 굳건히 내리고 튼튼하게 자라길 바라는 마음에서 이름을 '건셩根生'이라고 지었다.

니우건셩은 어릴 때 이미 세상의 쓴맛과 단맛을 다 겪었다. 해방 전에 양아버지가 장정으로 징발되는가 하면 국민당 시절에 한동안 경찰 생활을 하다가 문서상 경찰서장이라는 직함을 얻기도 하고, 양어머니는 국민당 고위 간부의 첩살이를 해야 했다. 니우건셩이 특수한 시대에 특수한 부모 밑에서 자라며 겪었던 고생은 이루 말할 수 없을 정도다.

중국에 해방전쟁이 한창 벌어질 때 니우건셩의 양어머니는 자신의 재산을 사람들에게 일부 나눠주고 남은 재산을 아는 사람에게 모두 맡겼다. 하지만 60년대에 생활이 어려워져 니우건셩을 데리고 재산을 찾으러 갔을 때 그 사람이 모른 체하며 문전박대하는 바람에 빈손으로 돌아와야 했다.

이날의 쓰디쓴 경험은 니우건셩의 재산관에 깊은 영향을 줬다. 이때 니우건셩은 난생 처음으로 '돈이 많으면 주변에 사람이 없고, 돈이 없으면 주변에 사람이 모인다'는 개념을 깨닫고 인내, 용서, 강직함, 독립심을 키웠다.

니우건셩은 1978년에 가업을 이어받아 소를 키우다가 1983년에 이리의 전신인 훠민 유업에 들어갔다. 이곳에서 그는 병을 씻는 일을 시작으로 조장, 반장, 부공장장, 공장장을 거쳐 입사 8년 만에 부사장이 되었다. 1987년에 니우건셩은 회사에서 야심차게 개발 중이던 아이스크림을 아들에게 시험 삼아 먹였는데, 맛이 없었는지 아들이 한 입 베어 물고 바닥에 내던졌다. 이때 그는 아들을 나무라지 않고 스스로 반성했다. 자기 아들도 맛이 없다고 내던지는 아이스크림을 다른 소비자들에게 어떻게 팔겠는가!

그날 이후 니우건셩은 이리의 아이스크림을 중국 최고의 아이스크림으로 만들겠다고 결심하고 아이스크림의 브랜드화를 위해서 노력했다.

몇 년 뒤에 마침내 니우건셩은 중국 최초로 이리의 아이스크림을 브랜드화하는 데 성공했다. 이리의 아이스크림은 중국 전역에서 날개 돋친 듯 팔려 1987년에 15만 위안(약 2550만 원)이었던 판매액이 1997년에 7억 위안(약 1190억 원)까지 치솟았다. 더욱이 니우건셩의 담당구역에서 올리는 매출은 이리 총 매출의 80%를 차지했다. 하지만 1998년에 니우건셩은 돌연 해고를 당해 아쉬움을 간직한 채 정든 이리를 떠났다.

1999년에 니우건셩은 자신과 부인 명의의 주식을 모두 판 100만

여 위안(약 1억 7000여 만 원)으로 멍니우를 상표 등록했다. 그러자 이
리는 "100만 위안으로 뭘 한다고!"라고 콧방귀를 뀌었다. 사실 니우
건성도 멍니우를 좋은 기업으로 만들 자신이 없었다. 그런데 뜻밖
에도 이리의 정췬화 이사장 밑에서 일하는 우유 담당 부서의 책임
자와 아이스크림 부서의 책임자를 비롯해 이리의 많은 직원들이 멍
니우로 이직한 것이 아닌가! 이렇게 이리에서 '반란'을 일으키고 멍
니우에 둥지를 튼 사람이 족히 400~500명이 넘었다.

　니우건성은 밝은 미래가 있는 이리를 버리고 어두운 현실의 멍
니우에 오지 말라고 타일렀지만 직원들은 멍니우의 미래를 밝게 보
고 극구 사양했다. 뒤이어 충직한 병사들이 펼치는 비장한 드라마
가 펼쳐졌다. 직원들은 누가 시키지 않아도 스스로 주식을 팔거나
대출을 받거나 노후연금까지 깨서 니우건성을 도왔다.

　훗날 중간급 임원이 말했다.

　"당시에 직원들은 죽었을 때 관을 짜려고 했던 돈까지 다 탈탈
털어서 내놓았어요."

　직원들이 십시일반으로 모은 1000만 위안(약 17억 원)의 돈으로
니우건성은 마침내 멍니우를 세웠다. 니우건성은 자신을 굳게 믿는
부하직원들에게 말없이 무거운 책임감을 느꼈다.

　멍니우는 창립 첫해에 경쟁 상대들에게 무려 여섯 차례의 치명
적인 공격을 받았다. 2003년에도 악의적인 신문 보도로 한바탕 홍
역을 치렀고, 니우건성이 경쟁 관계에 있는 친구들이라고 믿었던
동종업체들이 짠 계략에 말려들어 하마터면 시장에서 매장당할 뻔
했다. 2004년에도 고의적인 비방 기사에 여러 차례 시달렸고 범죄

자들에게 협박까지 당했다.

사업을 하며 산전수전을 다 겪은 니우건셩은 이때의 일들을 떠올리고 웃으며 말했다.

"세상에 태어나기 어려운 것이 두 개 있어요. 하나는 죽은 태아이고 다른 하나는 너무 큰 아기예요. 만약에 여기에 하나를 더 추가하면 멍니우가 그 뒤를 이을 거예요."

각종 위기를 극복하고 구사일생한 멍니우는 다행히 파산하지 않고 좋은 품질과 믿음으로 여전히 소비자들에게 사랑받는다. 어떤 이는 멍니우가 성공한 것이 기적이라고 말하지만 니우건셩은 기적이라는 표현을 부정한다. 경험이나 능력 면에서 멍니우가 놀라운 성공을 거둔 것은 물이 흐르는 곳에 도랑이 생기는 것처럼 조건이 갖춰져 자연스럽게 이뤄진 결과이다.

니우건셩은 '작은 승부는 지혜로 이기고 큰 승부는 덕으로 이긴다' '돈이 많으면 주변에 사람이 없고, 돈이 없으면 주변에 사람이 모인다' 라는 경영철학을 신봉한다. 생산과 소비의 관계로 수억 수천 명의 소비자와 주주와 낙농업자와 공동 운명체를 이룬 멍니우 그룹은 중국의 서부 지역이 개발된 이후 최대의 일자리를 창조한 기업이라는 평가를 받는다.

컴퓨터를 모르고도 알리바바를 성공시킨
마윈

마윈은 1999년에 정식으로 공직에서 물러난 뒤에 50만 위안으로 알리바바를 세우고 전자상거래 시장, 특히 B2B 시장을 개척했다.

마윈은 1999년 10월과 2000년 1월에 두 차례에 걸쳐 총 2500만 달러의 국제 벤처 캐피탈 자금을 알리바바에 투입했다. 동양의 지혜와 서양의 경영방식으로 전 세계 시장을 공략하는 목표를 세운 마윈은 글로벌 인재를 채용하고 세계 시장을 개척하는 동시에 중국 내부적으로 중소기업을 포함한 중국의 여러 기업들이 참여한 전자상거래 시장을 만들기 위해서 많은 노력을 기울였다.

현재 알리바바는 세계 최대 규모의 B2B 사이트로 성장했다. 전 세계 220여 개 국가와 지역에서 1000만여 개의 업체가 입점해 있는가 하면 날마다 800만 개 이상의 상업적인 정보가 제공되고, 전 세계에서 가장 광범위하고 활발하게 무역이 일어난다. 알리바바는 국내외 언론과 실리콘밸리, 위험투자자들이 뽑은 전 세계 5대 전자

상거래 사이트 중의 하나로 야후, 아마존, 이베이, 아메리카온라인 (AOL)과 어깨를 나란히한다. 알리바바는 중국의 상업신용을 높이는 한편 경쟁이 치열하게 벌어지는 시장에서 중소기업에 무한한 기회를 제공하고 세상에 할 수 없는 장사는 없다는 희망을 심어줬다.

알리바바는 미국의 권위 있는 잡지인 〈포브스〉가 선정한 전 세계 최고의 B2B 사이트에 두 번이나 뽑히는가 하면 수차례에 걸쳐 전 세계에서 가장 영향력 있는 B2B 사이트, 중국 최고의 상거래 사이트, 중국의 100대 우수 사이트, 중국 최고의 무역 사이트로 선정되는 영광을 얻었다.

전 세계 400여 개의 유명한 언론매체는 알리바바가 탄생한 순간부터 지금까지 날마다 10여 종의 언어로 알리바바에 관한 기사를 쉼 없이 쏟아낸다. 이것은 알리바바가 세계적인 브랜드로 우뚝 섰기에 가능한 일이다.

마윈이 최초로 도전한 일들도 여러 가지다.

● 그는 중국 최초로 전자상거래 시장을 개척하고 인터넷을 이용해서 사업하는 기업가가 되었다.
● 그는 중국 최초로 인터넷 상점인 중궈 황이에를 만들어 중소기업의 B2B 전자상거래 표준양식을 제시하고 인터넷 전자상거래의 불씨를 지폈다.
● 그는 세계 최초로 인터넷에서 기업 간에 믿을 수 있는 거래를 할 수 있는 무대를 마련했다.
● 그는 개인 경매 사이트인 '타오바오왕'을 만들고 중국 본토화

에 성공시켰는데, 타오바오왕은 2005년도 1/4분기부터 아시아 최대의 경매 사이트가 되었다.

● 그는 중국 대륙 출신의 기업가 중에 최초로 〈포브스〉의 표지 모델이 되었다.

그런데 알리바바와 타오바오왕을 창시한 마윈은 놀랍게도 컴퓨터에 관해서는 소프트웨어는커녕 컴퓨터의 '컴' 자도 모르는 문외한이었다. 마윈은 기업이 성공하려면 스타 CEO만 있는 것이 아니라 스타 조직이 있어야 한다고 생각했다. 그리고 삼장법사가 이끄는 손오공, 저팔계, 사오정 군단을 가장 이상적인 모델로 꼽았다.

마윈이 말했다.

"삼장법사는 매우 훌륭한 리더예요. 불경을 외워서 손오공을 꼼짝 못하게 만드는가 하면 허점투성이인 저팔계를 꾸짖어서 큰 잘못을 저지르지 않게 하고, 사오정을 늘 격려해주죠. 이렇게 해서 삼장법사는 하나의 스타 조직을 만들었어요."

기업에는 손오공 같은 직원이 있는가 하면 저팔계 같은 직원도 있고 사오정 같은 직원도 있다.

마윈은 계속해서 이렇게 말한다.

"만약에 전 직원이 저처럼 말만 할 줄 알고 컴퓨터나 세일즈에 대해서 아무것도 모르면 큰일이죠. 하지만 다행히도 그 분야에 관해서 잘 아는 직원들이 많아서 괜찮습니다."

마윈은 기업가의 능력이 가장 뛰어나고 성장속도도 가장 빠른 지금의 중국 기업의 모습을 바람직하지 않게 여긴다. 모름지기 기업가는 현장법사처럼 직원들의 장점을 잘 파악해서 제대로 활용할 줄 알아야 한다는 것이 그의 생각이다. 기업은 결코 한 사람의 힘에 의지해서 오래갈 수 없으며, 조직이 함께 성장해야 장애물을 넘고 끝내 성공할 수 있다.

물론 알리바바도 발전과정에서 숱한 실수를 겪었다. 예컨대 창업 초기에 전 세계 500대 기업에 드는 기업의 관리 고수들을 초빙했다가 중국의 현지 환경에 맞지 않는 관리를 실시해서 마윈과 마찰을 빚었다. 500대 기업에서 스카우트한 관리인들의 능력은 매우 훌륭했지만 알리바바와 맞지 않았던 것이다.

마윈은 사람을 잘 써야 하는 이유를 설명한 뒤에 조직이 자체적으로 능력을 향상시키는 것이 매우 중요하다고 강조했다. 기업이 시대의 변화에 적응하지 못하고 새로운 것을 창조하려는 노력도 하지 않은 채 100년 이상 건재하려고 하는 것은 허황된 망상에 불과하다.

중국 IT 업계의 아버지
류촨즈

류촨즈 레노버 회장은 중국 IT 업계에서 아버지 같은 인물이다.

류촨즈는 중국 신문인 〈베이징 칭니엔빠오〉가 선정한 '부의 인물'에 1, 2회 연속해서 드는가 하면 중국기업인연합회가 선정한 '2000년 최우수 기업가'에 뽑히기도 했다. 2001년 1월엔 〈포브스〉가 선정한 '아시아 최고의 상인'에, 2000년 6월엔 〈비즈니스위크〉가 선정한 '아시아의 별'에, 2001년엔 〈타임스〉가 선정한 '전 세계에서 가장 영향력 있는 25인의 인물'에 들기도 했다.

1984년에 류촨즈는 중국 과학원에서 함께 일하는 열 명의 연구원과 20만 위안(약 3400만원)을 출자해서 레노버의 전신인 중국 과학원 산하 컴퓨터 기술 발전공사를 세웠다. 레노버는 20년의 노력 끝에 소규모 국영기업에서 영향력 있는 대기업으로 성장했다. 류촨즈는 레노버의 지분 구조를 개선한 뒤에 재산권 제도와 격려 제도를 만들어 젊은 직원들이 최전선에서 일하게 하는가 하면 서양의 현대적인 관리이론과 중국 기업의 실행력을 결합해서 '지붕 이론' 등의 관리사상을 제시했다. 또한 전문 소그룹을 짜고 핵심 관리체계를 만들어서 레노버를 현대적인 기업제도와 경쟁력을 갖춘 기업으로 발전시키는 동시에 세계적인 기업으로 키우기 위해서 노력하고 있다.

류촨즈가 창업의 길을 걷게 된 건 숨 막히게 답답한 현실에서 탈피하기 위해서였다. 그는 이렇게 말했다.

"막 대학을 졸업했을 때 문화대혁명이 터졌어요. 하고 싶은 것이 있어도 할 수 없고, 딱히 뭘 해야 좋을지도 모르겠고, 정말 분하고 답답하기만 했죠. 그런데 그때 갑자기 너무 하고 싶었던 일을 할 수 있는 좋은 기회가 찾아왔어요. 연구소 윗선에서 연구소 산하 모든 기업들의 연구 분야를 강제로 바꾼 적이 있는데, 다른 사람들은 예전의 연구 성과를 자랑하며 옛날을 그리워했지만 전 연구 분야가 바뀌어서 너무 좋았어요."

류촨즈는 마흔 살에 레노버를 세웠다. 당시에 중관촌 거리에 여러 IT 업체가 들어서기 시작했는데, 고작 기계 하나를 검사하고 30~40위안을 받았다. 한 달 내내 힘들게 연구하고 30위안을 받는 연구원들에게 IT 업체 직원들의 수입은 큰 충격이었다. 그래서 류촨즈는 창업을 결심했다.

컴퓨터 기술 발전 공사 소장 청마오차오는 연구소의 연구원들이 창업을 하고 돈을 벌어서 상부에 바치면 연구소의 경제적인 어려움을 해결할 수 있을 것이라고 생각했다. 또한 만약에 연구원들이 창업을 하면 능력이 가장 뛰어난 류촨즈가 하는 것이 최선이라는 결론을 내렸다.

류촨즈는 혹시 창업에 실패할 것이라는 생각을 해보지 않았느냐는 물음에 "당시에 상황은 이미 충분히 절망적이었다. 난 정말 임원이 되고 싶었고, 그럴 자신이 있었다. 그래서 일을 잘해야 할지 인맥을 잘 맺어야 할지 꼼꼼하게 분석했다"라고 대답했다.

류촨즈는 똑같이 찐빵을 팔아도 목표를 높게 잡고 체인점을 차리면 돈을 더 많이 벌 수 있다고 말하며 목표를 크게 세우라고 강조한다. 목표가 크면 게으름을 피우지 않고 부지런히 노력하게 되며 눈앞의 이익에 연연하지 않고 급하게 성공하려 하지 않는다.

류촨즈는 레노버를 대기업으로 키울 수 있었던 요인으로 관리 3요소, 즉 '전문 소그룹을 만든 것, 전략을 세운 것, 훌륭하게 리드한 것'을 뽑았다.

조직의 최고 책임자는 스스로 리더의 조건을 갖추기 위해서 평소에 몸과 마음을 바르게 닦아야 한다. 또한 기준에 부합하는 조직을 구성하기 위해서 심사숙고해야 한다. 전투력만 있고 구성원들 간에 목표가 서로 다르면 전략이 뛰어나도 실전에서 좋은 성과를 낼 수 없다.

또 전략을 짤 때에는 장기 목표를 세우고 계획을 자세하게 짜는 동시에 단기 목표를 세우고 방법을 구체적으로 정하고 중간에 상황에 따라서 계획을 수정해야 한다.

중국 연금술의 비밀

초판 1쇄 인쇄	2011년 2월 21일
초판 1쇄 발행	2011년 2월 28일

지은이	진룽
옮긴이	김락준
펴낸이	이대희
펴낸곳	지훈출판사

기획편집	허남희
마케팅	김정식, 윤태영
교정, 교열	이홍림
본문 디자인	디자인 위드
표지 디자인	디자인 올
경영지원	안지영, 김정미
공급처(서경서적)	전화 02-737-0904 팩스 02-723-4925

출판등록	2004년 8월 27일 제300-2004-167호
주소	서울시 종로구 필운동 278-5 세일빌딩 지층
전화	02-738-5535
팩스	02-738-5539
E-mail	jihoonbook@naver.com

편집저작권ⓒ2011 지훈출판사
ISBN 978-89-91974-35-7 13320

잘못 만들어진 책은 구입하신 서점에서 교환하여 드립니다.